ボンジュールから始めて日常会話・旅行会話が話せる

ゼロからスタート フランス語
会話編

アテネ・フランセ責任編集

松本　悦治　監修／鈴木　文恵　著
Matsumoto Etsuji　　　　Suzuki Fumie

Jリサーチ出版

読者へのメッセージ

✹ フランス語会話をゼロからスタート！

　本書を手にしてくださった皆さまがフランス語に興味を持たれたきっかけは何でしょうか。フランス料理を楽しみたい、ワインを深く味わいたい、フランス映画の粋に触れたい、など動機は何であれ、新たな言語に出会うとその世界に飛び込んで会話を楽しみたくなりますね。

　それではさっそくフランス語の旅に出かけましょう。マルシェに行ってみましょうか。思い切って Bonjour！と声をかけると、お店の人から Bonjour！が笑顔とともに返ってきます。さあ、私たちはもう会話の一歩を踏み出しました。

　姉妹編の『ゼロからスタートフランス語 〈文法編〉』では、フランス語の発音や文法の規則を主に解説していますが、この『ゼロからスタートフランス語 〈会話編〉』では、発音や文法の規則に関する説明は必要最小限にとどめ、「すぐに話せる」ことを目標にしています。Bonjour から始めて日常生活や旅行でよく使うフレーズを学び、会話の楽しみを広げていきましょう。

✹ あなたも話せるようになる！

　本書はフランス語会話をゼロからスタートする方のための1冊です。
　会話の基礎が確実に身につくように、学習項目、練習問題、全体の構成まで工夫を凝らしています。学習の流れを追ってみましょう。

第1章「これだけは知っておきたいフレーズ編」では、基本のあいさつ表現や自己紹介の表現を身につけます。
　第2章「基本フレーズ編」では、会話でよく使う基本フレーズを覚えます。
　第3章「単語編」ではテーマごとにまとめた単語をイラストとともに覚えます。
　第4章「シーン編」では基本フレーズを使った日常生活や旅行などの場面の会話を、それぞれのシーンを想定して楽しく学びます。
　第5章「よく使われる基本動詞編」では、5つの重要動詞を使ったフレーズで、表現の幅を広げます。
　また、巻頭に発音コーナー、巻末に文法コーナーがあり、発音や文法のルールを確認できるようになっています。

　「基本フレーズ」を音読練習しましょう。基本ができたら、「置き換え練習」「練習問題」「発信練習」「音読ロールプレイ」を活用しましょう。CDを聞いて繰り返し音読練習することで表現が自分のものになり、会話力が身につきます。

　フレーズに皆さまの思いが込められたとき、言葉は生き生きと輝き始めます。本書がフランス語での楽しいコミュニケーションへの第一歩となりますよう、願っております。

著者

ゼロからスタート フランス語 会話編

目次

読者へのメッセージ …… 2	本書の利用法 …… 6	アルファベ …… 8
つづり字記号 …… 9	フランス語の発音 …… 10	つづり字の読み方 …… 12
語と語のつながり …… 15	アクセントとイントネーション …… 16	

第1章 これだけは知っておきたいフレーズ編

Unité 1 こんにちは　**Bonjour.** …… 18
Unité 2 さようなら　**Au revoir.** …… 20
Unité 3 お元気ですか？　**Comment allez-vous ?** …… 22
　　◆Unités 1～3　発信練習 …… 24 ／音読ロールプレイ …… 26
Unité 4 はい／いいえ　**Oui / Non** …… 28
Unité 5 何ですか？　**Pardon ?** …… 30
Unité 6 お願いします！　**S'il vous plaît !** …… 32
　　◆Unités 4～6　発信練習 …… 34 ／音読ロールプレイ …… 36
Unité 7 ありがとう　**Merci.** …… 38
Unité 8 すみません　**Excusez-moi.** …… 42
Unité 9 （私は）～と言います　**Je m'appelle ～ .** …… 46
Unité 10 （私は）～歳です　**J'ai ～ ans.** …… 50
　　●便利な表現①　**Bon / Bonne** を使った表現 …… 54

第2章 基本フレーズ編

Unité 11 ～がほしいのですが　**Je voudrais ～ .** …… 56
Unité 12 ～が好きです　**J'aime ～ .** …… 60
Unité 13 ～はありますか？　**Vous avez ～ ?** …… 64
Unité 14 ～してもらえますか？　**Vous pouvez ～ ?** …… 68
Unité 15 ～していいですか？　**Je peux ～ ?** …… 72
Unité 16 ～しましょうか？　**On ～ ?** …… 76
Unité 17 ～するつもりです　**Je vais ～ .** …… 80
Unité 18 ～しなければなりません　**Je dois ～ .** …… 84
Unité 19 何ですか？／誰ですか？　**Qu'est-ce que c'est ? / C'est qui ?** …… 88
Unité 20 どこですか？　**Où ～ ?** …… 92
Unité 21 どの～ですか？　**Quel ～ ?** …… 96
Unité 22 いつ～しますか？　**～ quand ?** …… 100
Unité 23 どのように～しますか？　**～ comment ?** …… 104
Unité 24 いくらですか？　**C'est combien ?** …… 108
Unité 25 どうして～ですか？　**Pourquoi ～ ?** …… 112
　　●便利な表現②　**Que / Qui** を使った表現 …… 116

第3章　単語編

1. ホテル …… 118　2. 街 …… 119　3. 交通手段 …… 120
4. 洋服 …… 121　5. 靴 …… 121　6. 小物 …… 122
7. 料理／飲み物 …… 123　8. 食品 …… 124　9. 身体の部分 …… 125
10. 家族 …… 126　11. 数／序数詞 …… 127　12. 月／曜日 …… 127
13. 時刻 …… 128　14. 季節 …… 129　15. 天気 …… 129
16. よく使う形容詞 …… 130

第4章　シーン編

Unité 26　機内にて …… 132
Unité 27　空港にて …… 134
Unité 28　乗り物に乗る　①メトロに乗る …… 136　②電車に乗る …… 138
　　　　　　　　　　　　③バスに乗る …… 140　④タクシーに乗る …… 141
Unité 29　ホテル　①予約をする …… 142　②チェックイン／チェックアウト …… 144
　　　◆ Unités 26〜29　発信練習 …… 146 ／音読ロールプレイ …… 148
Unité 30　レストラン　①予約をする／店に入る …… 150
　　　　　　　　　　　②注文する／味わう …… 152
Unité 31　カフェ／ファーストフード　①カフェ …… 154　②ファーストフード …… 156
Unité 32　買い物　①デパート …… 158　②マルシェ …… 160
　　　◆ Unités 30〜32　発信練習 …… 162 ／音読ロールプレイ …… 164
Unité 33　観光　①美術館に行く …… 166　②コンサートに行く …… 168
　　　　　　　　③観光スポットを探す …… 170　④写真を撮る …… 172
Unité 34　友人とのおしゃべり　①夕食への招待 …… 174　②週末の予定 …… 176
Unité 35　トラブル　①病気 …… 178　②盗難に遭う …… 180
　　　◆ Unités 33〜35　発信練習 …… 182 ／音読ロールプレイ …… 184
　　　● 便利な表現③　Çaを使った表現 …… 186

第5章　よく使われる基本動詞編

Unité 36　avoirを使った表現　（エレーヌは青い目をしています） …… 188
Unité 37　êtreを使った表現　（ルイはマルセイユ出身です） …… 190
Unité 38　allerを使った表現　（このワンピースはソフィーによく似合います） …… 192
Unité 39　faireを使った表現　（ナタリーは水泳をやっています） …… 194
Unité 40　prendreを使った表現　（コーヒーを1杯飲みます） …… 196
　　　● 便利な表現④　受け答えの表現 …… 198

文法コーナー

①名詞 …… 199　②冠詞 …… 200　③形容詞 …… 201　④指示形容詞 …… 202
⑤所有形容詞 …… 202　⑥人称代名詞 …… 203　⑦動詞 …… 204
⑧文の形（平叙文／否定文／疑問文） …… 205

本書の利用法

本書はフランス語の会話をゼロから身につけるための一冊です。まず、p.8〜16でフランス語の発音の仕組みを身につけた後、「これだけは知っておきたいフレーズ編」「基本フレーズ編」で、基本的な言い回しを覚え、「シーン編」でさまざまな会話場面を体験できるように構成されています。

●第1章［これだけは知っておきたいフレーズ編］
会話に必須のフレーズをまずはしっかり身につけましょう。右ページの日本語の解説を読みながら覚えましょう。

●第2章［基本フレーズ編］
さまざまな会話に応用の利く基本フレーズをマスターしましょう。「〜がほしいのですが」「〜が好きです」「〜はありますか？」「〜してもらえますか？」など。基本フレーズに〈置き換え単語〉をはめこんで発話練習をしましょう。

★第1、2、5章に共通のページ

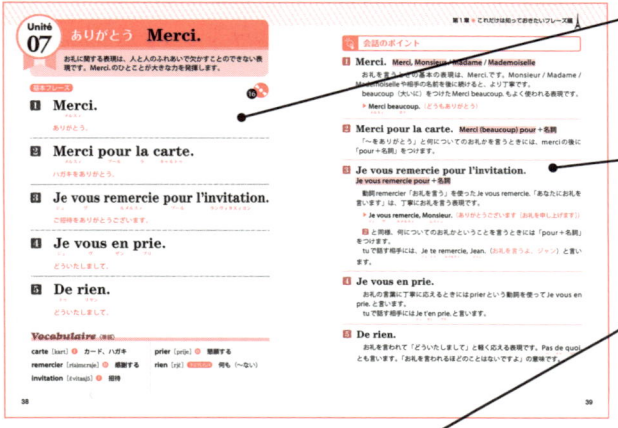

●基本例文
例文を読んで、フレーズの使い方を理解しましょう。
※CDは日本語→フランス語の順に収録されています。

●会話のポイント
各フレーズにそれぞれ日本語の解説がつきます。解説を読んで納得しながら覚えましょう。

★第1章のUnité 7〜10と第2章に共通のページ

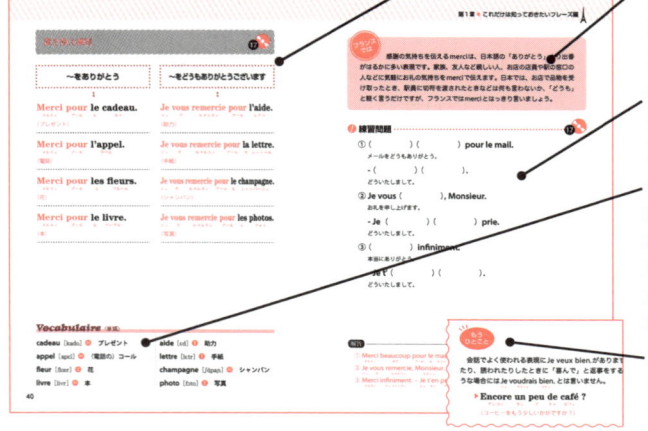

●置き換え練習
基本フレーズを、単語を置き換えながら言ってみましょう。

●フランスでは（第1章）
重要表現や言葉の背景、会話のシーンにおけるフランスの習慣などを説明します。

●練習問題
CDを聞きながら、復習用の問題に挑戦してみましょう。

●vocabulaireのアイコン
🔲=男性名詞　🔲=女性名詞
🔲=動詞　🔲=形容詞
🔲=副詞
🔲🔲=形容詞の男性形
🔲🔲=形容詞の女性形

●もうひとこと（第2章）
「基本例文」の補足で、覚えておくと便利な表現です。

●第3章［単語編］
日常・旅行でよく使う16のテーマの単語を覚えましょう。単語ひとつひとつにイラストがついています。

●第4章［シーン編］
「機内」「空港」「ホテル」「観光」などの旅行のシーンで交わされる会話や、「レストラン」「買い物」「友人とのおしゃべり」などの日常会話まで、そのまま役立つミニ会話を練習しましょう。

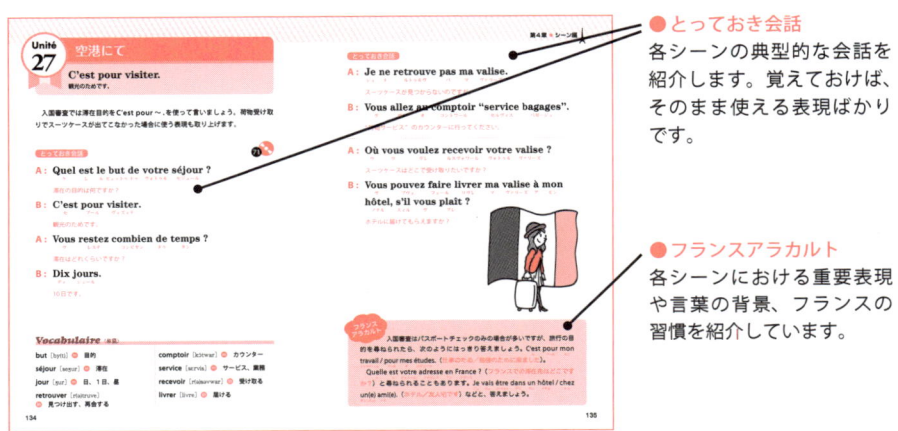

●とっておき会話
各シーンの典型的な会話を紹介します。覚えておけば、そのまま使える表現ばかりです。

●フランスアラカルト
各シーンにおける重要表現や言葉の背景、フランスの習慣を紹介しています。

付属の赤シートで、フランス語の日本語訳とカタカナの読みが隠れるようになっています。暗記できたかどうか確認する際に利用してください。

 '耳からの' 学習もしっかりと！

CDを活用して正しく、なめらかなフランス語の発音を身につけましょう。

収録内容：p.8〜16の「発音」→ 発音例、「これだけは知っておきたいフレーズ編」→「基本例文」（Unités7〜10は「置き換え練習」「練習問題」も収録）、「基本フレーズ編」→「基本例文」「置き換え練習」「練習問題」、「単語編」→「単語名」、「シーン編」→「会話」、「よく使われる基本動詞編」→「基本例文」。
※「基本例文」は日本語 → フランス語の順に収録。

音読ロールプレイの練習法

1 ▶ 会話を通して聞こう
CDには、まず会話全体が収録されています。まず通して聞いて内容をつかみましょう。

2 ▶ 左ページの日本語部分の会話を話そう
次に左ページの日本語部分の音声が抜けた会話が収録されています。この部分を自分で言ってみましょう。

3 ▶ 右ページの日本語部分の会話を話そう
最後に右ページの日本語部分の音声が抜けた会話が収録されています。この部分を自分で言ってみましょう。

アルファベ

フランス語で使われる文字（アルファベ）は英語と同じ26文字ですが、読み方が異なります。それぞれの文字の読み方を覚えましょう。

A a	B b	C c	D d	E e	F f	G g
[a]	[be]	[se]	[de]	[ə]	[ɛf]	[ʒe]
ア	ベ	セ	デ	ウ	エフ	ジェ
H h	I i	J j	K k	L l	M m	N n
[aʃ]	[i]	[ʒi]	[ka]	[ɛl]	[ɛm]	[ɛn]
アッシュ	イ	ジ	カ	エル	エム	エヌ
O o	P p	Q q	R r	S s	T t	U u
[o]	[pe]	[ky]	[ɛr]	[ɛs]	[te]	[y]
オ	ペ	キュ	エール	エス	テ	ユ
V v	W w	X x	Y y	Z z		
[ve]	[du-blə-ve]	[iks]	[i-grɛk]	[zɛd]		
ヴェ	ドゥブルヴェ	イクス	イグレック	ゼッド		

- a、e、i、o、u、y は母音として読まれる文字で、母音字と言います。この6文字以外は子音として読まれる文字で、子音字と言います。
- o の後に e が続くと œ と1文字でつづります。
- w「ドゥブルヴェ」は2つの v「ヴェ」、y「イグレック」はギリシア語の i「イ」という意味です。
- k と w は外来語でしか使われません。

つづり字記号

フランス語ではアルファベのほかに次のような記号が使われます。

´	accent aigu	アクサン・テギュ	é
`	accent grave	アクサン・グラーヴ	à、è、ù
^	accent circonflexe	アクサン・スィルコンフレクス	â、ê、î、ô、û
¨	tréma	トレマ	ë、ï、ü
¸	cédille	セディーユ	ç
'	apostrophe	アポストロフ	l'avion
-	trait d'union	トレ・デュニオン	après-midi

● アクサン・テギュ、アクサン・グラーヴ、アクサン・スィルコンフレクス
　これらの3つの記号はアクサン記号と呼ばれます。発音上の強めのアクセントではなく、つづり字上の記号です。文字の音を示したり、語の区別をするために用いられます。

　（例）école 学校　mère 母　âge 年齢
　　　　エコール　　メール　　アージュ

● トレマ
　直前の母音字と分けて読むことを示す記号です。

　（例）naïf お人好しの
　　　　ナイフ

　＊大文字につくアクサン記号とトレマは省略することができます。

● セディーユ
　cの字を[s]と読むことを示す記号です。

　（例）ça それ
　　　　サ

● アポストロフ
　母音字が1つ省略されたことを示します。

　（例）l'ami 友人
　　　　ラミ

● トレ・デュニオン
　連結符（ハイフン）です。

　（例）arc-en-ciel 虹
　　　　アルカンスィエル

フランス語の発音

相手の言うことをきちんと聞き取り、自分の言いたいことをしっかり伝えるために、正しい発音を身につけましょう。楽しい会話への第一歩です。

I 母音　①普通の母音

発音記号	読み方	発音の仕方	例
[i]	イ	唇を左右にしっかり引いて「イ」と言います。	**midi** [midi] 正午
[u]	ウ	唇を丸めて前に突き出し、舌を奥に引いて「ウ」と言います。	**où** [u] どこに
[y]	ユ	[u] と言うときの口の形で [i] を発音します。	**jus** [ʒy] ジュース
[e] [ɛ]	エ	[e] は唇を左右に引いて「エ」と言います。[ɛ] は日本語の「エ」よりも、口を上下に大きく開けて「エ」と言います。 ●[e] と [ɛ] の2つが区別できなくても通じないわけではありません。	**café** [kafe] コーヒー **mère** [mɛr] 母
[o] [ɔ]	オ	[o] は [u] のときのように唇を丸めて「オ」と言います。[ɔ] は日本語の「オ」よりも口を大きく開けて「オ」と言います。	**eau** [o] 水 **porte** [pɔrt] ドア
[ø] [œ]	ウ	[ø] は [o] の唇の形で、[e] を出すときの舌にして発音します。[œ] は [ɔ] の唇の形で、[ɛ] を出すときの舌にして発音します。	**deux** [dø] 2 **beurre** [bœr] バター
[ə]	ウ	力を抜いて軽く「ウ」と言います。	**menu** [məny] コース料理
[a] [ɑ]	ア	[a] は日本語の「ア」より少し唇を左右に引いて発音します。「エ」に近い感じの明るい音色の「ア」です。[ɑ] は舌を奥に引き、唇を少し丸めて発音します。「オ」に近い感じの暗い音色の「ア」です。 ●最近のフランス語では、ほとんどの場合、「ア」は [a] と発音します。	**salade** [salad] サラダ **classe** [klɑs] クラス、授業

②鼻母音　息の一部を鼻に抜いて発音します。

発音記号	読み方	発音の仕方	例
[ɔ̃]	オン	[o] の口の形で、息を鼻に通して響かせます。	**bon** [bɔ̃] 良い
[ɑ̃]	アン	[ɑ] の口の形で、息を鼻に通して響かせます。「アン」よりも「オン」に近く聞こえます。	**an** [ɑ̃] 年
[ɛ̃]	アン	[ɛ] の口の形で、息を鼻に通して響かせます。「エン」と「アン」の中間のような音に聞こえます。	**vin** [vɛ̃] ワイン
[œ̃]	アン	[ɛ] の音を唇を丸めて発音します。最近では、[ɛ̃] と同じように発音されることが多いので、[ɛ̃] で代用してもかまいません。	**un** [œ̃] 1

II 半母音

[u][y][i] は、次に別の母音が来ると、子音のようにその母音とともに一息で発音される半母音となります。半母音は、子音と同じように単独では発音できません。

発音記号	発音の仕方	例
[w]	[u] と同じように唇を丸め、音を出すと同時に次の母音に移行します。日本語の「ワ」の頭の音です。	ouest [wɛst] 西
[ɥ]	[y] を発すると同時に次の母音に移行します。	huit [ɥit] 8
[j]	[i] は発音される母音字の前で [j] になります。日本語の「ヤ」「ユ」「ヨ」の頭の音です。[j] は前の母音と結びつくこともあります。	pied [pje] 足 ail [aj] ニンニク

III 子音

発音記号	発音の仕方	例
[p] [b]	日本語のパ行、バ行とほぼ同じと考えてかまいません。	père [pɛr] 父 bière [bjɛr] ビール
[t] [d]	日本語のタ行、ダ行と同じでかまいません。	tête [tɛt] 頭 droite [drwat] 右
[k] [g]	日本語のカ行、ガ行とほぼ同じと考えてかまいません。	quatre [katr] 4 gare [gar] 駅
[f] [v]	上の前歯を下唇の内側に軽く当てて発音します。	famille [famij] 家族 verre [vɛr] グラス
[s] [z]	日本語のサ行、ザ行とほぼ同じですが、舌先を下の前歯に押しつけて発音します。	sac [sak] バッグ zone [zon] 地区
[ʃ] [ʒ]	[ʃ] は日本語の「シュ」よりも口をすぼめて舌先を上の歯茎に近づけて出します。[ʒ] は [ʃ] と同じ位置で発音します。	chambre [ʃɑ̃br] 部屋 joli [ʒɔli] かわいい
[m]	日本語のマ行と同じでかまいません。	mer [mɛr] 海
[n]	舌先を上の前歯の裏に当てて発音します。	nez [ne] 鼻
[ɲ]	日本語の「ニュ」に似た音ですが、舌先を下の前歯の裏に当てて発音します。	champagne [ʃɑ̃paɲ] シャンパン
[l]	舌先を上の前歯の裏につけて発音します。	lune [lyn] 月
[r]	舌先を下の前歯の裏につけ、舌の奥を盛り上げて息を通します。日本語の「カ」を言うとき、上あごについている舌をかすかに離すとかすれた「ハ」のような音が出ます。	rose [roz] バラ

つづり字の読み方

フランス語のつづりと音の関係は規則的です。

Ⅰ 単独の母音字

つづり字	読み方	例
a/à/â	ア	ami 友人　là そこに
é/è/ê/ë	エ	été 夏　père 父　forêt 森　Noël クリスマス
e＋子音字1つ	ウ	petit 小さい
単語の最後の子音字の前のe	エ	avec 一緒に
e＋子音字2つ	エ	merci ありがとう
語末のe	無音	dame 女の人
i/î/ï/y	イ	ici ここに　île 島　naïf お人好しの　type 型
o/ô	オ	école 学校　hôtel ホテル
u/û	ユ	jus ジュース　sûr(e) 確かな

Ⅱ 母音字の組み合わせ

母音字が2つ、3つと続いても、母音1つで発音します。

つづり字	読み方	例
ai/aî/ei	エ	japonais 日本の　neige 雪
au/eau	オ	jaune 黄色　eau 水
eu/œu	[ø][œ] のウと発音	feu 火　fleur 花
ou/où/oû	[u] のウと発音	nouveau 新しい　goût 味
oi/oî	ワ	oiseau 鳥　croître 成長する

Ⅲ 母音字＋n、m

鼻母音で発音されるつづりです。

つづり字	読み方	例
an/am/en/em	オンに近い アン	France フランス　enfant 子供 フランス　　　　アンファン
ain/aim/ein/eim/ in/im/un/um	エンに近い アン	pain パン　fin 終わり　un 1 パン　　　ファン　　　　アン
on/om	オン	Japon 日本　ombrelle 日傘 ジャポン　　オンブレル

● nやmが連続する場合、鼻母音になりません。　pomme（ポム）りんご
● nまたはmの後に母音字が続く場合、鼻母音になりません。peine（ペヌ）苦労

Ⅳ 半母音を表すつづり

つづり字	読み方	例
i＋母音字		piano ピアノ ピヤノ
ou＋母音字		oui はい ウィ
u＋母音字		nuit 夜 ニュイ
ill	イーユ	fille 娘　　【例外】ville 都市　mille 1,000 フィーユ　　　　　　　ヴィル　　　ミル
ail/aill	アイユ	travail 仕事　taille 身長、ウェスト トゥラヴァイユ　タイユ
eil/eill	エイユ	soleil 太陽　bouteille 瓶、ワインボトル ソレイユ　　　ブテイユ
ien	イヤン 母音は鼻母音です。	bien よく ビヤン
oin	ワン 母音は鼻母音です。	point 点 ポワン

Ⅴ 子音字

① 語末の子音字

語の最後の子音字は原則として読みません。

（例）lait ミルク　　Paris パリ
　　　レ　　　　　　　パリ

ただし、英語のcarefulに含まれる4つの子音字c、f、l、rは読まれることが多いです。

（例）parc 公園　chef チーフ、シェフ　sel 塩　bonjour こんにちは
　　　パルク　　シェフ　　　　　　　　　セル　　ボンジュール

② 注意が必要なつづり

つづり字	読み方	例
c	a、o、uの前で [k] と読みます。 e、i、yの前で [s] と読みます。	**cacao** カカオ豆　**ceci** これ 　カカオ　　　　　　ススィ
ç	a、o、uの前で使われ、[s] と読みます。	**ça** それ　**français** フランスの 　サ　　　　　　フランセ
ch	[ʃ] と読みます。	**château** 城 　シャト
g	a、o、uの前で [g] と読みます。 e、i、yの前で [ʒ] と読みます。	**gomme** ゴム、消しゴム　**geste** しぐさ 　ゴム　　　　　　　　　ジェストゥ
gn	[ɲ] と読みます。	**cognac** コニャック 　コニャック
ph	[f] と読みます。	**photo** 写真 　フォト
qu	[k] と読みます。	**quai** プラットフォーム 　ケ ● クエとは読みません。
s	[s] と読みます。	**savon** 石けん 　サヴォン ● ただし「母音字＋s＋母音字」の場合のsは [z] と読みます。 **poison** 毒 　ポワゾン ● sが2つ続く場合は常に [s] と読みます。 **poisson** 魚 　ポワソン
x	[ks] と読みます。	**taxi** タクシー 　タクスィ ●「ex＋母音字」のときは [gz] と読みます。 **examen** 試験 　エグザマン ● 数詞の場合は [s] または [z] と読みます。 **six** 6　**sixième** 6番目の 　スィス　　スィズィエム
rh	[r] と読みます。	**rhume** 風邪 　リュム
th	[t] と読みます。	**thé** お茶 　テ

● 同じ子音字が2つ続いても、原則として1つだけ発音します。

　hは発音しません。ただし、文法上「無音のh」と「有音のh」の区別があります。リエゾンやエリズィヨンに関しては「無音のh」は母音扱いをされ、「有音のh」は子音扱いをされます（リエゾン、エリズィヨンの項目参照）。

語と語のつながり

　フランス語では、発音をなめらかにするために、単語の垣根を越えて「子音＋母音」というかたまりをつくる傾向と、「母音＋母音」というつながりを避ける傾向があります。

Ⅰ アンシェヌマン

語末の子音と次に続く語の頭の母音をつなげて読みます。

　（例）**avec ＋ elle**　⇒　**avec elle**（彼女と一緒に）
　　　　アヴェック　エル　　　　アヴェッケル

Ⅱ リエゾン

本来発音されない語末の子音字を次に続く語の頭の母音とつなげて読みます。

　（例）**un ＋ euro**　⇒　**un euro**（1ユーロ）
　　　　アン　ウーロ　　　　アン　ヌーロ

　　　　mes ＋ amis　⇒　**mes amis**（私の友人たち）
　　　　メ　　アミ　　　　　メ　ザミ

　　　　deux ＋ hôtels　⇒　**deux hôtels**（2つのホテル）
　　　　ドゥ　　オテル　　　　　ドゥ　ゾテル

●リエゾンするときは、語末の-s –xを［z］と、-dを［t］と読みます。

　リエゾンは（1）必ずする場合、（2）してはいけない場合、（3）してもしなくてもよい場合があります。

（1）必ずリエゾンをする場合は「冠詞＋名詞」「人称代名詞＋動詞」「形容詞＋名詞」「前置詞＋次の語」などです。

（2）リエゾンをしてはいけない場合は「主語名詞＋動詞」「接続詞et＋次の語」「有音のhで始まる語とその前の語」などです。

（3）リエゾンをしてもしなくてもよい場合は、一般的に演説や朗読など格式張った調子のときは多くされ、くだけた会話などでは少なくなります。

Ⅲ エリズィヨン

　le、la、ce、je、me、te、se、de、ne、que、siなどの語末の母音字は、母音で始まる語の前で省略され、アポストロフで次の語とつなげられます。

　（例）**la ＋ école**　⇒　**l'école**（その学校）
　　　　ラ　エコール　　　　レコール

●siはil、ilsが続いたときだけエリズィヨンして、s'il、s'ilsとなります。
●有音のhで始まる語の前ではエリズィヨンしません。

アクセントとイントネーション

Ⅰ アクセント

フランス語ではアクセントは語の最後の音節にあります。単語を単独で発音するとき、最後の音節をやや強く、長めに発音します。

文の場合は、意味のまとまりがあって一息で発音される語群（リズムグループ）の最後の音節をやや強く、長めに発音します。

Ⅱ イントネーション

平叙文では、文末はイントネーションを下げて読みます。最後のリズムグループ以外では、イントネーションを上げて発音します。

（例）**Mon père va en France après-demain.**
モン ペール↗ ヴァ アン フランス↗ アプレ ドゥマン↘
（父は明後日フランスに行きます）

平叙文をイントネーションだけで疑問文にするときは、文末も上げます。

（例）**Il est japonais ?**
イ レ ジャポネ↗
（彼は日本人ですか？）

疑問詞やEst-ce queで始まる疑問文では、イントネーションを変えなくてもかまいません。イントネーションを上げて言うこともできます。

（例）**Est-ce qu'il est japonais ?**
エ ス キ レ ジャポネ→
（彼は日本人ですか？）

第1章

これだけは知っておきたいフレーズ編

あいさつ、呼びかけ、返事、お礼やお詫びの表現など、コミュニケーションに欠かすことのできない基本の表現を身につけましょう。また、名前や国籍など、自分のことを相手に伝える大事な表現も覚えましょう。

Unité 01 こんにちは Bonjour.

Bonjour ! のひとことから会話が始まります。出会いの場に欠かせないあいさつの表現を覚えましょう。

基本フレーズ

1 Bonjour.
ボンジュール

こんにちは。／おはよう。

2 Bonsoir.
ボンソワール

こんばんは。

3 Salut !
サリュ

やあ！

4 Enchanté(e).
アンシャンテ

はじめまして。

フランスでは

出会ったとき、別れるときに言葉を交わすだけでなく、男性同士では、握手をしたり、女性同士、あるいは男性と女性では、両頬に軽く bise（キス）をしたりします。この bise は地方によって回数がまちまちです。日本人は慣れていないと戸惑いますね。

会話のポイント

1 Bonjour. Bonjour, Monsieur / Madame / Mademoiselle

　Bonjourは、朝から夕方まで「おはよう」「こんにちは」の意味で使います。知り合いに限らず、レストランや店に入ったときなどにもあいさつとしてBonjour.と言ってみましょう。

　BonjourのあとにMonsieur / Madame / Mademoiselleをつけると丁寧な表現になります。Monsieur(ムスィュ)は男性の、Madame(マダム)は既婚の女性、Mademoiselle(マドゥモワゼル)は未婚の女性の名字の前につける敬称です。Madame, Mademoiselleのどちらを使えばいいか迷ったときはMadameを使いましょう。

　親しい間柄では、Bonjourの後にファーストネームをつけます。

▶ **Bonjour, Catherine.** （こんにちは／おはよう、カトリーヌ）
　ボンジュール　カトゥリーヌ

2 Bonsoir. Bonsoir, Monsieur / Madame / Mademoiselle

　夕方以降（夏は20時頃から、冬は18時頃からと言われますが、厳密ではありません）は、Bonsoirを使います。

　Bonsoirの後にMonsieur / Madame / Mademoiselleをつけると丁寧な表現になるのは、Bonjourと同じです。親しい相手に言うときは、やはりファーストネームをつけます。

3 Salut !

　Salutは、親しい間柄でのくだけたあいさつの表現です。Salutの後にファーストネームを続けることもあります。Salutは、時間を問わずいつでも使える表現です。

4 Enchanté(e).

　Enchanté(e)は初対面のあいさつとして「（お会いできて）うれしいです」の意味で使われます。「はじめまして、よろしく」に当たります。(e)は女性が話す場合につきますが、音は男性が話す場合と同じ「アンシャンテ」です。

　くだけた会話では、Bonjour / Bonsoirをこの意味で使うことがあります。

Unité 02 さようなら Au revoir.

別れるときの基本のあいさつです。「また会いましょう！」や「よい週末を！」など、「さようなら」に添える表現も覚えましょう。

基本フレーズ

1 **Au revoir.**
オ　　ルヴォワール

さようなら。

2 **Bonsoir.**
ボンソワール

さようなら。／おやすみなさい。

3 **Salut !**
サリュ

じゃあね！

4 **À demain !**
ア　　ドゥマン

また明日！

5 **Bonne journée !**
ボヌ　　　　ジュルネ

よい一日を！

フランスでは　Bon(ne)〜！と言われたら、Bon(ne)〜！と同じ表現を繰り返したり、次のように答えます。Merci, à vous aussi.（ありがとう、あなたもね）
メルスィ　ア　ヴ　オスィ
Merci, à toi aussi.（ありがとう、君もね）
メルスィ　ア　トワ　オスィ

会話のポイント

1 **Au revoir.** Au revoir, Monsieur / Madame / Mademoiselle

Au revoirは「再び会うまで」の意味で、別れるときのあいさつの「さようなら」に当たります。

2 **Bonsoir.** Bonsoir, Monsieur / Madame / Mademoiselle

Bonsoirは、Unité 1 2（p.18）で「こんばんは」の意味で出てきた表現ですが、夕方以降に別れるときのあいさつ「さようなら」としても使われます。「おやすみなさい」の意味で使われる場合もあります。「おやすみなさい」にはBonne nuit.という表現もありますが、こちらは、これからはもう寝るばかりというときに親しい間柄で交わされるあいさつです。

3 **Salut !**

親しい間柄で使うSalutは、出会ったときにも別れるときにも使える表現です。

4 **À demain !**

「À＋（次に会う予定のとき）」で、「また～に」の意味になります。Au revoir（さようなら）などとともに別れのあいさつとして使います。

▶ **À tout à l'heure !**（またあとで！）/ **À lundi !**（また月曜に！）
ア トゥ タ ルール　　　　　　　　　　ア ランディ

À la semaine prochaine !（また来週！）/ **À bientôt !**（また近いうちに！）
ア ラ スメヌ プロシェヌ　　　　　　　ア ビヤント

5 **Bonne journée !**

別れのあいさつでは、相手に「これからよい時間を過ごしてください」という気持ちをこめてBon ～ !／Bonne ～ !（よい～を！）と言うことがよくあります。bonは「よい」という意味の形容詞の男性形で、bonneはその女性形です。bon／bonneの後に「これから過ごすとき」を示す名詞を続けます。

▶ **Bon après-midi !**（よい午後を！）/ **Bonne soirée !**（よい晩［夕べ］を！）
ボン ナプレ ミディ　　　　　　　　　　ボヌ ソワレ

Bon week-end !（よい週末を！）/ **Bonnes vacances !**（よい休暇を！）
ボン ウィケンドゥ　　　　　　　　　　ボヌ ヴァカンス

Unité 03 お元気ですか？ Comment allez-vous ?

相手の調子を尋ねるのは、相手を思いやる気持ちの表れです。「お元気ですか？」と聞く表現、それに答える表現を覚えましょう。

基本フレーズ

1 Comment allez-vous ?
コマン タレ ヴ

お元気ですか？

2 Vous allez bien ?
ヴ ザレ ビヤン

お元気ですか？

3 Je vais très bien, merci. Et vous ?
ジュ ヴェ トゥレ ビヤン メルスィ エ ヴ

とても元気です。ありがとう。あなたは？

4 Ça va ?
サ ヴァ

元気？

Vocabulaire 〈単語〉

comment [kɔmɑ̃]
疑問副詞 どのように

très [trɛ] 副 とても、非常に

bien [bjɛ̃] 副 うまく、順調に

merci [mɛrsi] ありがとう

ça [sa]
指示代名詞 それ、あれ、これ
（celaの短縮形で話し言葉で使います）

第1章 ✳ これだけは知っておきたいフレーズ編

会話のポイント

1 Comment allez-vous ?

　allerという動詞を使って、相手の調子を尋ねます。allerは、「行く」が基本の意味ですが、「体の具合が〜である」の意味でも使われます。comment（どのように）に続けてComment allez-vous ?で「（あなたの）具合はどうですか（ご機嫌いかがですか）？」と尋ねる表現です。

2 Vous allez bien ?

　Vous allez bien.は「あなたは具合がいいです」という意味です。文末を上げ調子のイントネーションにすると、そのまま疑問文になります。
　Comment allez-vous ?は「どのような具合ですか？」という問いなので、「どのような状態か」ということを答えますが、Vous allez bien ?（元気ですか？）と尋ねられたら「はい」「いいえ」で答えます。
　親しい間柄の相手にはtuを使ってTu vas bien ?と尋ねます。

3 Je vais très bien, merci. Et vous ?

　「お元気ですか？」と聞かれて答えるときには、Je vais(très)bien.（[とても]元気です）にMerci.（ありがとう）を添えて言いましょう。相手にもEt vous ?（それで、あなたは？）と返すのが普通です。
　tuで話す相手には、vousをtoiに変えてEt toi ?と言います。
　Très bien, merci. Et vous ?と短く答えることもできます。少しくだけた答え方です。

4 Ça va ?

　元気かどうかを聞くときのくだけた言い方はÇa va ?です。Ça va?と聞かれたら、答えるときもÇa va.（元気だよ）と言います。「元気だよ。君は？」はÇa va, merci. Et toi ?となります。

　　　フランス人は「元気ですか？」と聞かれたとき、否定的な答え方はあまりしません。よほど具合が悪いのでない限り、Comme ci comme ça.（まあまあです）と答えます。

Unités 1−3
発信練習

1 （既婚の女性に）こんにちは。／おはようございます。

ヒント 朝から夕方まで使える表現です。

2 お元気ですか？

ヒント 「どんな（comment）具合ですか？」の意味になります。

3 やあ、エレーヌ！　元気？

ヒント 親しい間柄で使う「やあ」「じゃあね」という意味の表現を使います。

4 さようなら。

ヒント 「また会うまで」の意味です。

5 また近いうちに！　よい一日を！

ヒント À 〜．「À ＋次に会う予定のとき」の表現のひとつです。bon（よい）の後に「これから過ごすとき」を示す名詞をつけ加えましょう。

6 また月曜に！　よい週末を！

ヒント 5 と同様に、「À 〜！」「Bon / Bonne 〜！」を使いましょう。

第 1 章 ✳ これだけは知っておきたいフレーズ編

1 **Bonjour, Madame.**
ボンジュール　マダム

● 既婚の女性には Madame を使います。

2 **Comment allez-vous ?**
コマン　タレ　ヴ

● 動詞 aller が「具合が〜である」の意味で使われています。

3 **Salut, Hélène ! Ça va ?**
サリュ　エレーヌ　サ　ヴァ

● 同じ動詞 aller を使った表現ですが、Ça va ? はくだけた言い方です。

4 **Au revoir.**
オ　ルヴォワール

● revoir は「再会」の意味です。

5 **À bientôt ! Bonne journée !**
ア　ビヤント　ボヌ　ジュルネ

● à の後に「間もなく」の意味の bientôt がつきます。journée は女性名詞なので bon ではなく、bonne になります。

6 **À lundi ! Bon week-end !**
ア　ランディ　ボン　ウィケンドゥ

●「〜曜日にね（〜曜日に会いましょう）」はこの形です。曜日名を変えて言ってみましょう。week-end は英語から入った語で男性名詞です。

Unités 1–3
音読ロールプレイ

まずは会話全体を聞いてから、
Bさんのパート、Aさんのパートを言ってみましょう。

1

> A（男性）：Bonjour, Madame. Comment allez-vous ?
> ボンジュール　マダム　コマン　タレ　ヴ
> B（女性）：とても元気です。ありがとう。あなたは？
> A（男性）：Très bien, merci.
> トゥレ　ビヤン　メルスィ

ヒント 男性の最後の台詞に注目しましょう。

2

> A：Salut, Hélène. Ça va ?
> サリュ　エレーヌ　サ　ヴァ
> B：元気よ。ありがとう。君は？
> A：Ça va, merci.
> サ　ヴァ　メルスィ

ヒント 最後の台詞に注目しましょう。

3

> A（女性）：Au revoir, Monsieur. À bientôt !
> オ　ルヴォワール　ムスィュ　ア　ビヤント
> B（男性）：また近いうちに！　よい一日を！
> A（女性）：Merci, à vous aussi.
> メルスィ　ア　ヴ　オスィ

ヒント 女性の最初の台詞に注目しましょう。「よい〜を！」はBon(ne)〜！で始めます。

第1章 ✻ これだけは知っておきたいフレーズ編

❶

> **A（男性）**：おはようございます。お元気ですか？
> **B（女性）**：Je vais très bien, merci. Et vous ?
> 　　　　　　ジュ　ヴェ　トゥレ　ビヤン　メルスィ　エ　ヴ
> **A（男性）**：元気です。ありがとう。

● 「お元気ですか？」と聞かれたら、相手にも Et vous ? と聞きます。

❷

> **A**：やあ、エレーヌ。元気？
> **B**：Ça va, merci. Et toi ?
> 　　　サ　ヴァ　メルスィ　エ　トワ
> **A**：元気だよ。ありがとう。

● Ça va ? と聞かれたら Ça va. と答えます。親しい人に対しては Et toi ? と聞きます。

❸

> **A（女性）**：さようなら。また近いうちに！
> **B（男性）**：À bientôt! Bonne journée !
> 　　　　　　ア　ビヤント　ボヌ　ジュルネ
> **A（女性）**：ありがとう、あなたもね。

● お互いに À bientôt（また近いうちに）と言います。

Unité 04 — はい／いいえ　Oui / Non

「〜ですか？」と尋ねられて答えるときの表現をまとめましょう。
「はい」と答えるときはOui、「いいえ」と答えるときはNonです。

基本フレーズ

1 **Oui.**
ウィ

はい。

---

2 **Non.**
ノン

いいえ。

---

3 **Si.**
スィ

いいえ。

フランスでは　返答に詰まったり、適当な言葉を探して言いよどんだりしたとき、euh（力を抜いて「ウー」と発音）と言います。日本語の「ええと」「うーん」に当たります。沈黙は避けましょう。

第1章 ✶ これだけは知っておきたいフレーズ編

会話のポイント

1 **Oui.**

「〜ですか？」という質問に「はい」と肯定で答えるときはOuiと言います。

▶ **Vous êtes japonais(e) ?**（日本人ですか？）
　ヴ　　ゼットゥ　ジャポネ(ーズ)

　Oui, je suis japonais(e).（はい、日本人です）
　ウィ　ジュ スュイ ジャポネ(ーズ)

japonaisは日本人男性、japonaiseと語尾にeがつくと日本人女性を表します（Unité 9 **3**［p.47］参照）。

2 **Non.**

「〜ですか？」という質問に「いいえ」と否定で答えるときはNonと言います。

▶ **Vous êtes japonais(e) ?**（日本人ですか？）
　ヴ　　ゼットゥ　ジャポネ(ーズ)

　Non, je ne suis pas japonais(e).（いいえ、日本人ではありません）
　ノン　ジュ ヌ スュイ　パ　　ジャポネ(ーズ)

3 **Si.**

「〜ではないのですか？」と、問いが否定文の場合は、注意しましょう。「いいえ、〜です」と答えの内容が肯定のときは、Siと言います。日本語では「いいえ」と答えるところなので、Nonと言いそうになります。気をつけましょう。

▶ **Vous n'êtes pas japonais(e) ?**（日本人ではないのですか？）
　ヴ　　ネットゥ　パ　ジャポネ(ーズ)

　Si, je suis japonais(e).（いいえ、日本人です）
　スィ ジュ スュイ ジャポネ(ーズ)

「〜ではないのですか？」の問いに、「はい、〜ではありません」と答えの内容が否定のときはNonと言います。

▶ **Vous n'êtes pas japonais(e) ?**（日本人ではないのですか？）
　ヴ　　ネットゥ　パ　ジャポネ(ーズ)

　Non, je ne suis pas japonais(e).（はい、日本人ではありません）
　ノン　ジュ ヌ スュイ　パ　ジャポネ(ーズ)

Oui / Non / Siの前にmaisをつけるとそれぞれOui / Non / Siを強める表現になります。

▶ **Vous acceptez cette proposition ?**（この提案を受け入れますか？）
　ヴ　　ザクセプテ　セットゥ　プロポズィスィヨン

　Mais oui !（はい！）/ **Mais non !**（とんでもない！）
　メ　ウィ　　　　　　　　　メ　ノン

Unité 05 何ですか？ Pardon ?

相手の言ったことが聞き取れなかったときに聞き返す表現を覚えましょう。

基本フレーズ

1 Pardon ?
パルドン

何ですか？

2 Comment ?
コマン

何ですか？

3 Vous pouvez répéter ?
ヴ　　プヴェ　　　レペテ

もう一度言ってもらえますか？

Vocabulaire 〈単語〉

répéter ［repete］ 動　繰り返して言う

第1章 ✻ これだけは知っておきたいフレーズ編

💡 会話のポイント

1 Pardon ?

相手の言ったことが聞き取れなかったときに丁寧に聞き返す表現です。上げ調子のイントネーションで言います。

▶ **Madame Schneider est là ?**（シュネデールさんはいらっしゃいますか？）
　マダム　シュネデール　エ ラ

Pardon ?（何ですか？）
パルドン

2 Comment ?

Comment ? は Pardon ? より少しくだけた表現です。やはり上げ調子のイントネーションで言います。

▶ **Je cherche le Musée Rodin.**（ロダン美術館はどこですか？）
　ジュ　シェルシュ　ル　ミュゼ　ロダン

Comment ?（何ですか？）
コマン

3 Vous pouvez répéter ?

Pardon ? だけでも聞き返す表現になりますが、言ったことを繰り返してほしいと相手にはっきり伝えたいときは、Vous pouvez répéter ? と言いましょう。

さらに丁寧に言うときには pouvez を pourriez に変え、主語と動詞を倒置して次のように言います。

▶ **Pourriez-vous répéter ?**（繰り返していただけますでしょうか？）
　プリエ　ヴ　レペテ

親しい相手には、**Tu peux répéter ?**（繰り返してくれる？）と言います。
テュ　プ　レペテ

フランスでは　くだけた表現をそれとは知らずに使ってしまう場合があります。聞き返す表現に Quoi ?（何？）がありますが、これは Comment ? よりさらにくだけた言い方です。見知らぬ人に道を尋ね、相手の答えがよく聞き取れなかったときに Quoi ? と聞き返すことはできません。Pardon ? と丁寧に聞き返しましょう。

31

Unité 06 お願いします！ S'il vous plaît !

呼びかけの表現を覚えましょう。S'il vous plaît !（お願いします！）と声をかけることで、相手に聞く準備をしてもらえます。

基本フレーズ

1 S'il vous plaît !
スィル　ヴ　プレ

お願いします！

---

2 Pardon.
パルドン

すみませんが。

---

3 Excusez-moi.
エクスキュゼ　モワ

すみません。

第1章 ✳ これだけは知っておきたいフレーズ編

会話のポイント

1 S'il vous plaît ! S'il vous plaît, Monsieur / Madame

レストランや売り場などで、こちらに気がつかないお店の人に注意を向けてもらいたいときに使います。Monsieur / Madameを添えて言います。

また、s'il vous plaîtは、ものを頼んだり注文したりするときにも使います。

▶ **Un café, s'il vous plaît.**（コーヒーをひとつください）
　　アン　カフェ　スィル　ヴ　プレ

2 Pardon. Pardon, Monsieur / Madame

聞き返すときに使うpardon ? はUnité 5 **1**（p.30）で取り上げましたが、人に呼びかける表現としても使います。やはり、上げ調子で言います。

3 Excusez-moi. Excusez-moi, Monsieur / Madame

Excusez-moi. は「すみません」と謝る表現ですが（Unité 8 **2 3**［p.42］参照）、呼びかけにも使われます。

フランスでは　カフェやレストランのウェーターを呼ぶときに、以前はGarçon ! と
　　　　　　　　　　　　　　　　　　　　　　　　　　　　　　　　　　　　ギャルソン
言っていましたが、今ではmonsieurを使います。注文を頼むときはS'il vous
　　　　　　　　　　　　　　ムスィユ
plaît, Monsieur ! あるいはMonsieur, s'il vous plaît ! と言います。

Unités 4 – 6
発信練習

1 (「日本人ですか？」と尋ねられて) **はい、日本人です。**
> **ヒント** 問いが「〜ですか？」と肯定形です。

2 (「日本人ではないのですか？」と尋ねられて) **いいえ、日本人です。**
> **ヒント** 問いが「〜ではないのですか？」と否定形です。

3 (丁寧に) **何ですか？**
> **ヒント** 「パル…」で始めましょう。

4 (軽い調子で) **何ですか？**
> **ヒント** 「コマ…」で始めましょう。

5 **お願いします。**
> **ヒント** 「〜ください」と言うときにも使う表現です。

6 (女性に対して) **すみませんが。**
> **ヒント** 3 の丁寧に聞き返す表現と同じ言葉です。

第1章 ✱ これだけは知っておきたいフレーズ編

1 **Oui, je suis japonais(e).**
ウィ　ジュ　スュイ　ジャポネ(ーズ)
- ◉「～ですか？」に肯定で答えるときはOuiと言いますね。

2 **Si, je suis japonais(e).**
スィ　ジュ　スュイ　ジャポネ(ーズ)
- ◉「～ではないのですか？」に肯定で答えるときはSiと言いますね。

3 **Pardon ?**
パルドン
- ◉「パルドン？（↗）」と上げ調子で言います。

4 **Comment ?**
コマン
- ◉「コマン？（↗）」と上げ調子で言います。

5 **S'il vous plaît !**
スィル　ヴ　プレ
- ◉ 呼びかけたり、ものを頼んだりするときに使う大事な表現です。

6 **Pardon, Madame.**
パルドン　マダム
- ◉ 聞き返すときにも呼びかけるときにもpardonを使います。

Unités 4-6
音読ロールプレイ

まずは会話全体を聞いてから、
Aさん、Bさんのパートをそれぞれ言ってみましょう。

❶

A：Tu n'es pas japonaise?
　　テュ　ネ　パ　ジャポネーズ
B：いいえ、日本人よ。
A：Ah, bon.
　　アー　ボン

ヒント Aの台詞の問いが否定形です。

❷

A：コーヒーをひとつください。
B：Un café glacé ?
　　アン　カフェ　グラセ
A：何ですか？

ヒント café glacéはアイスコーヒーのことです。聞き慣れない単語が聞き取れなかったときは、聞き返します。

❸

A：（既婚女性に対して）すみません。
B：Oui.
　　ウィ
A：オペラ座はどこですか？

ヒント オペラ座はl'Opéraです。「〜はどこですか？」はJe cherche 〜．（〜を探しています）を使います。

第1章 ✳ これだけは知っておきたいフレーズ編

❶

A：君は日本人じゃないの？

B：Si, je suis japonaise.
　　スィ ジュ スュイ ジャポネーズ

A：ああ、そう。

●「〜ではないのですか？」の問いに肯定で答えるときはSiですね。

❷

A：Un café, s'il vous plaît.
　　アン カフェ スィル ヴ プレ

B：アイスコーヒーですか？

A：Pardon ?
　　パルドン

● カフェでのやりとりで使う「〜ください」のs'il vous plaîtです。丁寧にPardon ? と聞き返しましょう。

❸

A：Pardon, Madame.
　　パルドン マダム

B：はい。

A：Je cherche l'Opéra, s'il vous plaît.
　　ジュ シェルシュ ロペラ スィル ヴ プレ

● 道を尋ねるときにも、行きたい場所を言ったあとにs'il vous plaîtをつけましょう。

37

Unité 07 ありがとう Merci.

お礼に関する表現は、人と人のふれあいで欠かすことのできない表現です。Merci.のひとことが大きな力を発揮します。

基本フレーズ

1. Merci.
メルスィ

ありがとう。

2. Merci pour la carte.
メルスィ　プール　ラ　キャルトゥ

ハガキをありがとう。

3. Je vous remercie pour l'invitation.
ジュ　ヴ　ルメルスィ　プール　ランヴィタスィヨン

ご招待をありがとうございます。

4. Je vous en prie.
ジュ　ヴ　ザン　プリ

どういたしまして。

5. De rien.
ドゥ　リヤン

どういたしまして。

Vocabulaire 〈単語〉

carte [kart] f　カード、ハガキ
remercier [r(ə)mɛrsje] 動　感謝する
invitation [ɛ̃vitasjɔ̃] f　招待
prier [prije] 動　懇願する
rien [rjɛ̃] 不定代名詞　何も（〜ない）

第1章 ✳ これだけは知っておきたいフレーズ編

> 💡 **会話のポイント**

1 **Merci.** Merci, Monsieur / Madame / Mademoiselle

お礼を言うときの基本の表現は、Merci. です。Monsieur / Madame / Mademoiselle や相手の名前を後に続けると、より丁寧です。
beaucoup（大いに）をつけた Merci beaucoup. もよく使われる表現です。

▶ **Merci beaucoup.**（どうもありがとう）
　　メルスィ　　ボク

2 **Merci pour la carte.** Merci (beaucoup) pour ＋名詞

「～をありがとう」と何についてのお礼かを言うときには、merciの後に「pour＋名詞」をつけます。

3 **Je vous remercie pour l'invitation.**
Je vous remercie pour ＋名詞

動詞remercier「お礼を言う」を使ったJe vous remercie.「あなたにお礼を言います」は、丁寧にお礼を言う表現です。

▶ **Je vous remercie, Monsieur.**（ありがとうございます［お礼を申し上げます］）
　　ジュ　ヴ　　ルメルスィ　　ムスィュ

2 と同様、何についてのお礼かということを言うときには「pour＋名詞」をつけます。
tuで話す相手には、Je te remercie, Jean.（お礼を言うよ、ジャン）と言います。
　　　　　　　　　　ジュ トゥ　ルメルスィ　　ジャン

4 **Je vous en prie.**

お礼の言葉に丁寧に応えるときにはprierという動詞を使ってJe vous en prie. と言います。
tuで話す相手にはJe t'en prie. と言います。
　　　　　　　　ジュ タン　プリ

5 **De rien.**

お礼を言われて「どういたしまして」と軽く応える表現です。Pas de quoi. とも言います。「お礼を言われるほどのことはないですよ」の意味です。
　　　　　　　　　　　　　　　　　　　　　　　　　　　　パ ドゥ コワ

置き換え練習 ⑰

～をありがとう	～をどうもありがとうございます

Merci pour le cadeau.
メルスィ　プール　ル　カド
（プレゼント）

Je vous remercie pour l'aide.
ジュ　ヴ　ルメルスィ　プール　レドゥ
（助力）

Merci pour l'appel.
メルスィ　プール　ラペル
（電話）

Je vous remercie pour la lettre.
ジュ　ヴ　ルメルスィ　プール　ラ　レットゥル
（手紙）

Merci pour les fleurs.
メルスィ　プール　レ　フルール
（花）

Je vous remercie pour le champagne.
ジュ　ヴ　ルメルスィ　プール　ル　シャンパーニュ
（シャンパン）

Merci pour le livre.
メルスィ　プール　ル　リーヴル
（本）

Je vous remercie pour les photos.
ジュ　ヴ　ルメルスィ　プール　レ　フォト
（写真）

Vocabulaire 〈単語〉

cadeau [kado] m　プレゼント
appel [apɛl] m　（電話の）コール
fleur [flœr] f　花
livre [livr] m　本

aide [ɛd] f　助力
lettre [lɛtr] f　手紙
champagne [ʃɑ̃paɲ] m　シャンパン
photo [fɔto] f　写真

第1章 ✳ これだけは知っておきたいフレーズ編

> **フランスでは** 感謝の気持ちを伝える merci は、日本語の「ありがとう」より出番がはるかに多い表現です。家族、友人など親しい人、お店の店員や駅の窓口の人などに気軽にお礼の気持ちを merci で伝えます。日本では、お店で品物を受け取ったとき、駅員に切符を渡されたときなどは何も言わないか、「どうも」と軽く言うだけですが、フランスでは merci とはっきり言いましょう。

❗ 練習問題　🔴 17

① (　　　　) (　　　　) pour le mail.
メールをどうもありがとう。

- (　　　　) (　　　　).
どういたしまして。

② Je vous (　　　　), Monsieur.
お礼を申し上げます。

- Je (　　　　) (　　　　) prie.
どういたしまして。

③ (　　　　) infiniment.
本当にありがとう。

- Je t' (　　　　) (　　　　).
どういたしまして。

解答

① Merci beaucoup pour le mail. – De rien.
　メルスィ　ボク　プール　ル　メイル　ドゥ　リヤン
② Je vous remercie, Monsieur. – Je vous en prie.
　ジュ　ヴ　ルメルスィ　ムスィュ　ジュ　ヴ　ザン　プリ
③ Merci infiniment. – Je t'en prie.
　メルスィ　アンフィニマン　ジュ　タン　プリ

Unité 08 すみません Excusez-moi.

謝る表現とそれに答える表現はさまざまです。Pardon. / Excusez-moi. などを状況に合わせて使えるようにしましょう。

基本フレーズ

1 **Pardon.**
パルドン

ごめんなさい。

2 **Excusez-moi.**
エクスキュゼ　モワ

すみません。

3 **Excusez-moi d'être en retard.**
エクスキュゼ　モワ　デートゥル　アン　ルタール

遅れてすみません。

4 **Je suis désolé(e).**
ジュ　スュイ　デゾレ

申し訳ありません。

5 **Ce n'est pas grave.**
ス　ネ　パ　グラーヴ

大丈夫です。

Vocabulaire 〈単語〉

retard [r(ə)tar] Ⓜ 遅刻

désolé(e) [dezɔle] 形 当惑した

grave [grav] 形 重大な

第1章 ✴ これだけは知っておきたいフレーズ編

💡 会話のポイント

1 Pardon.

軽く「ごめんなさい」と謝るときにpardonを使います。pardonは聞き返すとき（Unité 5 **1**［p.30］）、呼びかけるとき（Unité 6 **2**［p.32］）にも使いました。イントネーションは上げ調子でしたね。謝るときのpardonは下げ調子で言います。

2 Excusez-moi.

Excusez-moiも呼びかけの表現としてUnité 6 **3**（p.32）で取り上げましたが、もとは謝罪の表現です。pardonより丁寧な言い方です。tuで話す相手には、Excuse-moi.と言います。
エクスキュズ　モワ

3 Excusez-moi d'être en retard.
Excusez-moi ＋ de ＋動詞の原形

「〜してすみません」と、謝る内容をつけ加えるときはexcusez-moiに「de＋動詞の原形」を続けます。deの後に続く動詞が母音で始まるときは、deは母音字eが省略されてd'になります。tuで話す親しい相手にはexcuse-moiに「de＋動詞の原形」を続けます。

4 Je suis désolé(e).

直訳すると、「私が（そのことを）申し訳なく思う」という意味で、少し改まった謝罪の表現になります。Désolé(e).とだけ、軽く言うこともあります。(e)は女性が話す場合につきますが、音は同じ「デゾレ」です。

5 Ce n'est pas grave.

相手に謝られたときに「大丈夫です（大したことではありません）」と応える表現です。

Ce n'est rien.も「大丈夫です（何でもありません）」の意味で、Ce n'est pas grave.と同じように使われます。
ス　ネ　リヤン

Unité 7 **4**（p.38）で取り上げたJe vous en prie. / Je t'en prie.（どういたしまして）はお礼に応えるときだけでなく、謝罪の言葉に丁寧に応えるときにも使います。

置き換え練習 ⑲

〜してすみません（改まって言うとき）

Excusez-moi de vous déranger.
（お邪魔して）

Excusez-moi de vous interrompre.
（お話を遮って）

Excusez-moi de vous avoir fait attendre.
（お待たせして）

Excusez-moi d'avoir oublié notre rendez-vous.
（待ち合わせのお約束を忘れて）

〜してごめんなさい（親しい人に言うとき）

Excuse-moi de te déranger.
（邪魔して）

Excuse-moi de t'interrompre.
（話を遮って）

Excuse-moi de t'avoir fait attendre.
（待たせて）

Excuse-moi d'avoir oublié notre rendez-vous.
（待ち合わせの約束を忘れて）

Vocabulaire〈単語〉

déranger [derɑ̃ʒe] 動　邪魔する、迷惑をかける

interrompre [ɛ̃terɔ̃pr] 動　（〜の）話を遮る、（〜を）中断する

attendre [atɑ̃dr] 動　待つ

oublier [ublije] 動　忘れる

rendez-vous [rɑ̃devu] m　会う約束

第1章 ✳ これだけは知っておきたいフレーズ編

> **フランスでは** 乗り物などで人に身体が触れたとき、人の前を通るときなどは、無言で済ますのではなく、Pardon. と言います。ただし、謝ると自分の不利益になるようなとき（例えば、車の接触事故など）には簡単にExcusez-moi. とは言いません。自分に非があると認めることになるからです。日本人は、つい「すみません」と言いがちです。フランスでは気をつけましょう。

❗ 練習問題 🎧19

① Oh, (　　　) !
（肩が触れて）あ、失礼！

② (　　　)-(　　　) d'être en retard.
遅れてすみません。

- Ce n' (　　　) (　　　).
大丈夫です（何でもありません）。

③ Il n'y a plus de places. Je suis (　　　).
もう席がありません。申し訳ございません。

④ (　　　)-(　　　) de te téléphoner si tard.
こんなに遅くに電話をしてごめんなさい。

解答

① **Oh, pardon !**
　オー　パルドン

② **Excusez-moi d'être en retard.- Ce n'est rien.**
　エクスキュゼ　モワ　デートゥル　アン　ルタール　ス　ネ　リヤン

③ **Je suis désolé(e).**
　ジュ　スュイ　デゾレ

④ **Excuse-moi de te téléphoner si tard.**
　エクスキュズ　モワ　ドゥ　トゥ　テレフォネ　スィ　タール

Unité 09 （私は）〜と言います　Je m'appelle 〜.

自己紹介で使う表現を取り上げます。自分の名前、国籍、職業など、初対面の相手に知ってもらいたいことを言ってみましょう。

基本フレーズ

1 **Je m'appelle Naoko Mori.**
　　ジュ　　マペル　　　　ナオコ　　　モリ
森直子と言います。

2 **Moi, je suis Louis Cardin.**
　　モワ　ジュ　スュイ　ルイ　　カルダン
私の方は、ルイ・カルダンです。

3 **Je suis japonais(e).**
　　ジュ　スュイ　ジャポネ(ーズ)
日本人です。

4 **Je suis étudiant(e).**
　　ジュ　スュイ　エテュディヤン(トゥ)
学生です。

Vocabulaire 〈単語〉

s'appeler ［saple］
代名動詞　（〜という）名前である

japonais(e) ［ʒapɔnɛ(z)］
形　日本の、日本人の

étudiant(e) ［etydjɑ̃(t)］ m f　学生

会話のポイント

1 **Je m'appelle Naoko Mori.** `Je m'appelle + 名前`

自分の名前を言う表現です。Je m'appelle 〜 .は「私は〜という名前です」の意味で、Je m'appelleの後に名前を続けて言います。Je m'appelle Naoko. とファーストネームだけを言う場合もあります。

2 **Moi, je suis Louis Cardin.** `Moi, je suis + 名前`

Moi「私（の方）は」と言って、自分を話題にすることを示します。普通、相手が名乗った後Moi, je suis 〜 .（私の方は〜です）と使います。

名前を尋ねる表現は、そのまま覚えましょう。

▶ **Vous vous appelez comment ?**（名前は何と言いますか？）
　　ヴ　　　ヴ　　　ザプレ　　　　コマン

tuを使う場合は、次のように言います。

▶ **Tu t'appelles comment ?**（名前は何て言うの？）
　　テュ　　タペル　　　　コマン

3 **Je suis japonais(e).** `Je suis + 国籍の形容詞`

Je suis 〜 .を使って、国籍、職業、身分を言ってみましょう。japonais(e)（日本人（の））の(e)は女性の場合ですね。発音が変わるので気をつけましょう。japonais［ジャポネ］/ japonaise［ジャポネーズ］です。

4 **Je suis étudiant(e).** `Je suis + 名詞（職業・身分）`

étudiant(e)は名詞ですが、この表現では冠詞をつけません。Je suis 〜 .のように人が主語で、動詞êtreの後に職業や身分を表す名詞を続ける場合は、冠詞を省きます。

étudiant［エテュディヤン］/ étudiante［エテュディヤントゥ］と発音が変わります。このように、職業や身分を表す名詞では男性形／女性形があり、女性形は男性形の語尾にeをつけます。形容詞の場合と同じですね。

置き換え練習 🄽21

（私は）〜と言います

Je m'appelle Émilie.
ジュ　マペル　エミリ
（エミリ）

Je m'appelle Jacques.
ジュ　マペル　ジャック
（ジャック）

（私は）〜人です（国籍）

Je suis française.
ジュ　スュイ　フランセーズ
（フランス人［女性］）

Je suis français.
ジュ　スュイ　フランセ
（フランス人［男性］）

（私は）〜です（職業、身分）

Je suis étudiante.
ジュ　スュイ　エテュディヤントゥ
（学生［女性］）

Je suis étudiant.
ジュ　スュイ　エテュディヤン
（学生［男性］）

Je suis employée de bureau.
ジュ　スュイ　アンプロワイエ　ドゥ　ビュロ
（会社員［女性］）

Je suis employé de bureau.
ジュ　スュイ　アンプロワイエ　ドゥ　ビュロ
（会社員［男性］）

Vocabulaire 〈単語〉

français(e) ［frɑ̃sɛ(z)］
🄵 フランスの、フランス人の

employé(e) ［ɑ̃plwaje］
🄼 🄵 勤め人、従業員

bureau ［byro］ 🄼　オフィス、会社

第1章 ✲ これだけは知っておきたいフレーズ編

> **フランスでは**　自己紹介では、ファーストネームだけを言うことがよくあります。特に学生同士は、ファーストネームで呼び合うので、名字は気にせずに知らないままでいることもあります。
>
> 　私たち日本人がフルネームで自己紹介する場合、次のようにファーストネーム、ファミリーネームを分かりやすく言った方がいいでしょう。Naoko, c'est mon prénom, et Mori, c'est mon nom.（「直子」が名前で、「森」が名字です）。

❗ 練習問題　㉑

ピエールになって自己紹介をしてみましょう。

① ピエールと言います。
　ヒント ピエール：Pierre

②（名乗った相手に）私の方はピエールです。

③ フランス人です。

④ 医者です。
　ヒント 医者：médecin

解答

① Je m'appelle Pierre.
　ジュ　マペル　ピエール
② Moi, je suis Pierre.
　モワ　ジュ　スュイ　ピエール
③ Je suis français.
　ジュ　スュイ　フランセ
④ Je suis médecin.
　ジュ　スュイ　メドゥサン

Unité 10 （私は）〜歳です　J'ai 〜 ans.

自分の年齢や家族のことを言う表現を覚えましょう。住んでいる所、勉強していることも言ってみましょう。

基本フレーズ

1 **J'ai trente ans.**
　　ジェ　　トゥラン　　タン

30歳です。

2 **J'ai deux frères.**
　　ジェ　　ドゥ　　フレール

兄弟が2人います。

3 **J'habite à Yokohama.**
　　ジャビットゥ　　ア　　ヨコアマ

横浜に住んでいます。

4 **J'étudie le français.**
　　ジェテュディ　　ル　　フランセ

フランス語を勉強しています。

Vocabulaire 〈単語〉

trente [trɑ̃t] 30、30の	**habiter** [abite] 動 住む
an [ɑ̃] m 年、歳	**étudier** [etydje] 動 勉強する
frère [frɛr] m 兄弟	**français** [frɑ̃sɛ] m フランス語

第1章 ✳ これだけは知っておきたいフレーズ編

> 💡 **会話のポイント**

1 J'ai trente ans.　J'ai＋数詞＋an(s)

　動詞 avoir の基本の意味は「〜を持っている」です。年齢はこの avoir を使って「〜歳を持っている」と表現します。

2 J'ai deux frères.　J'ai＋数詞＋家族関係を表す名詞

　家族構成についても、avoir を使って「兄弟姉妹がいる」「子供がいる」などと言います。
　「兄弟がいない」や「子供がいない」は次のように言います。

　▶ **Je n'ai pas de frères.**（兄弟がいません）
　　　ジュ　ネ　パ　ドゥ　フレール

　　Je n'ai pas d'enfants.（子どもがいません）
　　　ジュ　ネ　パ　ダンファン

　Je n'ai pas de 〜 . の de は「否定の冠詞」と呼ばれます。pas de は数量がゼロであることを表しています（Unité 13「もうひとこと」[p.67] 参照）。

3 J'habite à Yokohama.　J'habite à＋名詞（住んでいる所）

　動詞 habiter「住む」の後に「前置詞 à＋名詞（住んでいる所）」を続けます。都市名には普通、冠詞がつかないので à Yokohama ですが、国名には冠詞がつくので「日本（le Japon）に住んでいます」は J'habite au Japon. となります。前置詞 à の後に定冠詞 le がくると au と縮約形になります（文法コーナー 2 冠詞［p.200］参照）。la France のような女性の国名、l'Iran のような母音で始まる男性の国名の場合は J'habite en France. / J'habite en Iran. となります。
　　　　　　　　　　　　　　　　　　　　　ジャビトゥ　アン　フランス　　ジャビトゥ　アン　ニラン

4 J'étudie le français.　J'étudie＋名詞（勉強していること）

　動詞 étudier「勉強する」の後に、学校で学んでいることや自分で勉強していることを名詞で続けます。
　言語名は男性名詞です。定冠詞 le や l' をつけて le français（フランス語）、
　　　　　　　　　　　　　　　　　　　　　　　　　ル　フランセ
l'anglais（英語）のように言います。
ラングレ

置き換え練習 ㉓

〜がいます

J'ai une grande sœur.
ジェ　ユヌ　グランドゥ　スール
（姉が1人）

J'ai un grand frère.
ジェ　アン　グラン　フレール
（兄が1人）

J'ai deux petits frères.
ジェ　ドゥ　プティ　フレール
（弟が2人）

J'ai un fils.
ジェ　アン　フィス
（息子が1人）

J'ai deux filles.
ジェ　ドゥ　フィーユ
（娘が2人）

〜に住んでいます

J'habite à Kobe.
ジャビットゥ　ア　コベ
（神戸）

J'habite à Marseille.
ジャビットゥ　ア　マルセイユ
（マルセイユ）

〜を勉強しています

J'étudie le chinois.
ジェテュディ　ル　シノワ
（中国語）

J'étudie le droit.
ジェテュディ　ル　ドゥロワ
（法律）

Vocabulaire 〈単語〉

sœur [sœr] f 姉妹	**fils** [fis] m 息子
grande sœur f 姉	**fille** [fij] f 娘、女の子
grand frère m 兄	**chinois** [ʃinwa] m 中国語
petit frère m 弟	**droit** [drwa] m 法律、法律学

第 1 章 ✳ これだけは知っておきたいフレーズ編

> **フランスでは**
> 年齢など、プライバシーに関わることを話題にするのは微妙です。尋ねるときには、Si ce n'est pas indiscret.（失礼ですが）と断ってからにしましょう。Si ce n'est pas indiscret, vous avez quel âge ?（失礼ですが、歳はおいくつですか？）

❗ 練習問題　㉓

① **25歳です。**
　ヒント 25：vingt-cinq

② **リヨンに住んでいます。**
　ヒント リヨン：Lyon

③ **姉が2人います。**

④ **英語を勉強しています。**
　ヒント 英語：l'anglais

解答

① J'ai vingt-cinq ans.
　ジェ　ヴァントゥ　サン　カン
② J'habite à Lyon.
　ジャビットゥ　ア　リヨン
③ J'ai deux grandes sœurs.
　ジェ　ドゥ　グランドゥ　スール
④ J'étudie l'anglais.
　ジェテュディ　ラングレ

便利な表現 ①

Bon / Bonne を使った表現

◉ Unité 2（p.20）で、別れるときのあいさつの表現として「Bon＋名詞（これから過ごすとき）」を取り上げました。「Bon＋名詞」には、お祝いや激励の表現となるものもあります。相手への心づかいを示す表現を覚えましょう。

▶ **Bon courage !**
　ボン　　　クラージュ
　がんばってください！

▶ **Bonne chance !**
　ボヌ　　　シャンス
　幸運を祈ります！

▶ **Bonne continuation !**
　ボヌ　　　コンティニュアスィヨン
　これからもがんばって続けてください！

▶ **Bon voyage !**
　ボン　ヴォワィヤージュ
　よいご旅行を！

▶ **Bon séjour !**
　ボン　　セジュール
　よい滞在を！

▶ **Bonne route !**
　ボヌ　　　ルットゥ
　道中、気をつけて！

▶ **Bon retour !**
　ボン　　　ルトゥール
　気をつけて帰って！

▶ **Bon anniversaire !**
　ボン　　　　ナニヴェルセール
　お誕生日おめでとう！

▶ **Bonne année !**
　ボ　　　ナネ
　よいお年を！／明けましておめでとう！

第2章

基本フレーズ編

好きなこと、したいことを言う、提案する、依頼する、許可を求める表現などを覚えましょう。また、「いつ」「どこで」「どのように」など、さまざまな疑問表現を身につけて会話の幅を広げましょう。

Unité 11 〜がほしいのですが　Je voudrais〜.

マルシェの店先や駅の窓口などで「〜がほしいのですが」と丁寧に欲しいものを伝える表現です。ぜひ覚えて使いたい表現ですね。

基本フレーズ

1　Je voudrais un croissant.
ジュ　ヴドゥレ　アン　クロワサン

クロワッサンをひとつほしいのですが。

2　Je voudrais voir Madame Pélissier.
ジュ　ヴドゥレ　ヴォワール　マダム　ペリスィエ

ペリシエさんにお会いしたいのですが。

3　Je veux ce sac.
ジュ　ヴ　ス　サック

このバッグがほしい。

4　Je veux chanter.
ジュ　ヴ　シャンテ

歌いたい。

Vocabulaire 〈単語〉

croissant [krwasɑ̃] 〔m〕　クロワッサン
voir [vwar] 〔動〕　見る、(人に)会う
ce [s(ə)] 〔指示形容詞〕〔m〕　この、その、あの
sac [sak] 〔m〕　バッグ、袋
chanter [ʃɑ̃te] 〔動〕　歌う

💡 会話のポイント

1 **Je voudrais un croissant.** `Je voudrais ＋名詞`

　Je voudrais 〜 . のvoudraisは、動詞vouloir「〜がほしい」「〜したい」の条件法と呼ばれる形です。条件法の形をとると、「できれば〜がほしいのですが」「できれば〜したいのですが」と、語調を和らげた言い方になります。
　vouloirは主語がjeの場合、je veuxとなります。「Je veux ＋名詞」は「〜がほしいです」を表します。相手に自分のほしいものを丁寧に伝えるときは、条件法を使い、Je voudrais 〜 . と言います。

2 **Je voudrais voir Madame Pélissier.** `Je voudrais ＋動詞の原形`

　Je voudraisに動詞の原形を続けると「〜したいのですが」と丁寧な表現になります。オフィスの受付で案内を頼むときJe veux voir 〜 . とは言えません。
　電話で「〜さん、お願いします」と言うときも、この表現が使えます。Je voudrais parler à 〜 .（〜さんにお話ししたいのですが）のように言います。
　　ヴドゥレ　　パルレ　ア　　　　　　　　　　　　　　　　　　　　　ジュ

3 **Je veux ce sac.** `Je veux ＋名詞`

　Je veuxの後に名詞を続けると「〜がほしい」と自分の望むものをはっきり言う表現になります。ただ、自分の望むものやことが相手にも関係するときには、語調を和らげた丁寧な言い方のJe voudrais 〜 . を使います。
　買い物でお店の人に「〜がほしいです」とは、日本語でも言いませんね。状況に応じてJe veux 〜 . とJe voudrais 〜 . を使い分けましょう。

4 **Je veux chanter.** `Je veux ＋動詞の原形`

　Je veuxに動詞の原形を続けると「〜したい」という意味になります。相手にも関わる場合は、Je voudrais chanter. とやはり丁寧な言い方を使いましょう。

置き換え練習 ㉕

〜がほしいのですが

Je voudrais une baguette.
ジュ ヴドゥレ ユヌ バゲットゥ
（バゲット1本）

Je voudrais deux pains aux raisins.
ジュ ヴドゥレ ドゥ パン オ レザン
（パン・オ・レザン2つ）

Je voudrais un yaourt.
ジュ ヴドゥレ アン ヤウルトゥ
（ヨーグルト1個）

Je voudrais un foulard.
ジュ ヴドゥレ アン フラール
（スカーフ1枚）

〜したいのですが

Je voudrais visiter Paris.
ジュ ヴドゥレ ヴィズィテ パリ
（パリを訪れる）

Je voudrais aller au Louvre.
ジュ ヴドゥレ アレ オ ルーヴル
（ルーヴル美術館に行く）

Je voudrais travailler avec vous.
ジュ ヴドゥレ トゥラヴァイエ アヴェック ヴ
（あなたと仕事をする）

Je voudrais voyager à l'étranger.
ジュ ヴドゥレ ヴォワィヤジェ ア レトゥランジェ
（外国旅行をする）

Vocabulaire 〈単語〉

baguette [baɡɛt] f バゲット
pain [pɛ̃] m パン
yaourt [ˈjaurt] m ヨーグルト
foulard [fular] m スカーフ
visiter [vizite] 動 訪れる、見物する
aller [ale] 動 行く （aller à〜 〜に行く）

Louvre [luvr] m ルーブル美術館
travailler [travaje] 動 働く
avec [avɛk] 前 〜と一緒に
voyager [vwajaʒe] 動 旅行する
étranger [etrɑ̃ʒe] m 外国

第2章 ✳ 基本フレーズ編

もうひとこと

会話でよく使われる表現に Je veux bien. があります。これはものを勧められたり、誘われたりしたときに「喜んで」と返事をするときに使います。このような場合には Je voudrais bien. とは言いません。

▶ **Encore un peu de café ?**
アンコー ラン プ ドゥ カフェ
（コーヒーをもう少しいかがですか？）

Je veux bien.
ジュ ヴ ビヤン
（いただきます）

練習問題　　🎧 25

① パン・オ・ショコラを2つほしいのですが。
　ヒント　パン・オ・ショコラ：pain au chocolat

② フランスに住みたい！
　ヒント　フランスに住む：habiter en France

③ このワインを味見したいのですが。
　ヒント　このワイン：ce vin、味見する：goûter

④ このフランス語の授業をとりたいのですが。
　ヒント　このフランス語の授業をとる：prendre ce cours de français

解答

① Je voudrais deux pains au chocolat.
　ジュ ヴドゥレ ドゥ パン オ ショコラ

② Je veux habiter en France !
　ジュ ヴ アビテ アン フランス

③ Je voudrais goûter ce vin.
　ジュ ヴドゥレ グテ ス ヴァン

④ Je voudrais prendre ce cours de français.
　ジュ ヴドゥレ プランドゥル ス クール ドゥ フランセ

Unité 12 〜が好きです　J'aime 〜.

「〜が好きです」「〜することが好きです」と好きな人やもの、好きなことを言ってみましょう。趣味についても話してみましょう。

基本フレーズ

1　**J'aime le vin.**
　　　ジェム　　ル　ヴァン

ワインが好きです。

2　**J'aime beaucoup Sophie.**
　　　ジェム　　ボク　　ソフィ

ソフィーが好きです。

3　**J'aime danser.**
　　　ジェム　　ダンセ

踊るのが好きです。

4　**Je n'aime pas danser.**
　　　ジュ　ネム　パ　ダンセ

踊るのが好きではありません。

Vocabulaire 〈単語〉

aimer [eme] 動　愛する、好む
vin [vɛ̃] m　ワイン
beaucoup [boku] 副　とても、大いに
danser [dɑ̃se] 動　踊る

会話のポイント

1 J'aime le vin. 　J'aime＋名詞

　動詞aimerの後に名詞を続けて「（もの・こと）が好きです」を表します。aimer「好きです」の対象になるものやことを表す名詞には定冠詞や指示形容詞、所有形容詞がつきます。これは、好みを表す他の動詞の場合も同じです。

　名詞を「〜というもの」という一般的な意味で使うときは、その名詞に定冠詞のle、la、lesをつけます。

▶ **J'aime le vin.**（ワインが好きです）（数えられない男性名詞には **le**）
　ジェム　ル　ヴァン

　J'aime la bière.（ビールが好きです）（数えられない女性名詞には **la**）
　ジェム　ラ　ビエール

　J'aime les biscuits.（クッキーが好きです）（数えられる名詞には **les**）
　ジェム　レ　ビスキュイ

　J'aime beaucoup le vin.のように、beaucoup（大いに）をつけると「ワインがとても好きです」という意味になります。

2 J'aime beaucoup Sophie. 　J'aime beaucoup＋名詞（人）

　人についてaimer を使うときはちょっと注意が必要です。友達として好きな場合にはJ'aime beaucoup Pierre, mon ami d'enfance.（幼なじみのピエールが大好きです）と必ずbeaucoupやbienをつけて言いますが、恋愛の対象として「好き」と言う場合にはbeaucoupのような程度を表す言葉はつけません。J'aime Louis.（ルイが好き）と言います。相手に思いを伝えるときはただ、Je t'aime.（愛しているよ）です。

3 J'aime danser. 　J'aime＋動詞の原形

　aimerの後に動詞の原形を続けると「〜するのが好きです」の意味になります。J'aime regarder la télévision.（テレビを見るのが好きです）のように、動詞の原形の目的語などが続く場合もあります。

　スポーツをするのが好きならJ'aime faire du sport.、本を読むのが好きならJ'aime lire.と言います。趣味を話題にするときに使いたい表現です。

4 Je n'aime pas danser. 　Je n'aime pas＋動詞の原形

　「J'aime＋動詞の原形」の否定形です。否定文は動詞の活用形をneとpasで挟んでつくります。pasを動詞の原形の後に置かないように気をつけましょう。

置き換え練習

〜が好きです

J'aime le fromage.
ジェム　ル　フロマージュ
（チーズ）

J'aime la confiture.
ジェム　ラ　コンフィテュール
（ジャム）

J'aime les chats.
ジェム　レ　シャ
（猫）

J'aime la peinture.
ジェム　ラ　パンテュール
（絵）

J'aime les chansons françaises.
ジェム　レ　シャンソン　フランセーズ
（シャンソン）

〜するのが好きです

J'aime chanter.
ジェム　シャンテ
（歌う）

J'aime étudier le français.
ジェム　エテュディエ　ル　フランセ
（フランス語を勉強する）

J'aime écouter de la musique.
ジェム　エクテ　ドゥラ　ミュズィック
（音楽を聴く）

J'aime faire du jardinage.
ジェム　フェール　デュ　ジャルディナージュ
（ガーデニングをする）

J'aime tricoter.
ジェム　トゥリコテ
（編み物をする）

Vocabulaire 〈単語〉

fromage [fromaʒ] ⓜ	チーズ	
confiture [kɔ̃fityr] ⓕ	ジャム	
chat [ʃa] ⓜ	猫	
peinture [pɛ̃tyr] ⓕ	絵	
chanson [ʃɑ̃sɔ̃] ⓕ	歌	
écouter [ekute] 動	聞く、聴く	
musique [myzik] ⓕ	音楽	
faire [fɛr] 動	する、つくる	
jardinage [ʒardinaʒ] ⓜ	ガーデニング	
tricoter [trikɔte] 動	編み物をする	

もうひとこと

aimer以外の好みの動詞も使ってみましょう。

adorer　　大好きです。
アドレ
▶ J'adore le fromage.（チーズが大好きです）
ジャドール　ル　フロマージュ

détester　　大嫌いです。
デテステ
▶ Je déteste la viande.（肉が大嫌いです）
ジュ　デテストゥ　ラ　ヴィヤンドゥ

préférer　　より好きです。
プレフェレ
▶ J'aime le café mais je préfère le thé.
ジェム　ル　カフェ　メ　ジュ　プレフェール　ル　テ
（コーヒーは好きですが、紅茶の方がより好きです）

練習問題　27

① 旅行するのが好きです。
　ヒント 旅行をする：voyager

② テレビゲームが好きです。
　ヒント テレビゲーム：les jeux vidéo

③ 君は魚が大嫌いだね。
　ヒント 魚：le poisson

④ フォアグラは好きではないのですか？
　ヒント フォアグラ：le foie gras

　―いいえ、フォワグラは大好きですよ。

解答

① J'aime voyager.
　ジェム　ヴォワィヤジェ
② J'aime les jeux vidéo.
　ジェム　レ　ジュ　ヴィデオ
③ Tu détestes le poisson.
　テュ　デテストゥ　ル　ポワソン
④ Vous n'aimez pas le foie gras ?
　ヴ　ネメ　パ　ル　フォワ　グラ
　- Si, j'adore le foie gras.
　　スィ　ジャドール　ル　フォワ　グラ

Unité 13 〜はありますか？ Vous avez 〜 ?

「お店に〜はありますか？」「この辺りに〜はありますか？」など、買い物や街歩きで使える表現を覚えましょう。

基本フレーズ

1 Vous avez des framboises ?
ヴ　ザヴェ　デ　フランボワーズ

ラズベリーはありますか？

2 Il y a un supermarché par ici ?
イリヤ　アン　スュペルマルシェ　パー　リスィ

この辺りにスーパーマーケットはありますか？

3 Nous n'avons pas de cartes postales.
ヌ　ナヴォン　パ　ドゥ　キャルトゥ　ポスタル

絵ハガキはありません。

4 Il n'y a pas d'hôtels près d'ici.
イル　ニ　ヤ　パ　ドテル　プレ　ディスィ

この近くにホテルはありません。

Vocabulaire 〈単語〉

framboise [frɑ̃bwaz] f　ラズベリー
supermarché [sypɛrmarʃe] m　スーパーマーケット
ici [isi] 副　ここに、ここで

carte postale f　絵ハガキ
hôtel [ɔtɛl] m　ホテル
près [prɛ] 副　近くに

会話のポイント

1 Vous avez des framboises ?　Vous avez ＋名詞 ?

　Vous avez 〜 ?のavezは動詞avoirの活用形です。基本の意味は「持っている」ですね。Vous avez 〜 ?は「あなたは〜を持っていますか？」と尋ねる表現ですが、ここでは、「店に〜が置いてありますか？」「〜を売っていますか？」の意味で使われています。
　店頭に自分の欲しい物が見当たらないときにこの表現を使ってみましょう。

2 Il y a un supermarché par ici ?
Il y a ＋名詞＋場所の表現 ?

　Il y a 〜 .は「〜があります」「〜がいます」という存在を表す表現です。主語のilは形式的な主語（非人称のil）なので、訳しません。
　疑問文で「〜がありますか？」「〜がいますか？」と尋ねる表現になります。
　il y a 〜の後に場所を示す表現を入れると、「…に〜があります」「…に〜がいます」という意味になります。例文では、par iciを使っています。iciは「ここ」、parをつけてpar iciで「この辺りに」を表します。

3 Nous n'avons pas de cartes postales.
Nous n'avons pas de ＋名詞

　Nous n'avons pas 〜 .は「私たちは〜を持っていません」の意味ですが、ここでは「店に〜が置いてありません」「〜を売っていません」の意味で使われています。

4 Il n'y a pas d'hôtels près d'ici.
Il n'y a pas de ＋名詞＋場所の表現

　Il y a 〜 .の否定形はIl n'y a pas 〜 .となります。neの位置に気をつけましょう。
　près de 〜は「〜の近くに」という場所の表現です。près d'iciで「この近くに」という意味になります。

置き換え練習 🔘29

〜はありますか？

Vous avez des cerises ?
ヴ ザヴェ デ スリーズ
（さくらんぼ）

Vous avez des pains au chocolat ?
ヴ ザヴェ デ パン オ ショコラ
（パン・オ・ショコラ）

Vous avez du vin bio ?
ヴ ザヴェ デュ ヴァン ビオ
（有機農法ワイン）

Vous avez une chambre à deux lits ?
ヴ ザヴェ ユヌ シャンブル ア ドゥ リ
（ツインの部屋）

Vous avez une chambre simple ?
ヴ ザヴェ ユヌ シャンブル サンプル
（シングルの部屋）

この近くに〜はありますか？

Il y a des toilettes près d'ici ?
イリヤ デ トワレットゥ プレ ディスィ
（トイレ）

Il y a un commissariat près d'ici ?
イリヤ アン コミサリヤ プレ ディスィ
（警察署）

Il y a une station de métro près d'ici ?
イリヤ ユヌ スタスィヨン ドゥ メトロ プレ ディスィ
（地下鉄の駅）

Il y a une papeterie près d'ici ?
イリヤ ユヌ パペトゥリ プレ ディスィ
（文房具屋）

Il y a une librairie près d'ici ?
イリヤ ユヌ リブレリ プレ ディスィ
（本屋）

Vocabulaire 〈単語〉

cerise [s(ə)riz] f　さくらんぼ
pain au chocolat m　パン・オ・ショコラ
bio [bjo] 形　自然の、有機の
chambre à deux lits f　ツインの部屋
chambre simple f　シングルの部屋

toilettes [twalɛt] f　（複数形で）トイレ
commissariat [kɔmisarja] m　警察署
station de métro f　地下鉄の駅
papeterie [papɛtri] f　文房具屋
librairie [librɛri] f　本屋

第2章 ✳ 基本フレーズ編

もうひとこと

▶ **Nous n'avons pas de cartes postales.**
ヌ　ナヴォン　パ　ドゥ　キャルトゥ　ポスタル

Il n'y a pas d'hôtels près d'ici.
イル　ニ　ヤ　パ　ドテル　プレ　ディスィ

　上の2つの例文の名詞の前のde(d')は否定の冠詞です。動詞の直接目的語につく不定冠詞un / une / des、部分冠詞du / de la / de l' は否定文で原則として否定の冠詞deになります。deの後の名詞が母音で始まる場合はd' になります。

❗ 練習問題 ……………………………………… ㉙

① オリーブオイルはありますか？
　ヒント オリーブオイル：de l'huile d'olive

② この近くにタクシー乗り場はありますか？
　ヒント タクシー乗り場：une station de taxis

③ ハチミツはありますか？
　ヒント ハチミツ：du miel

④ ロックフォールはありますか？
　ヒント ロックフォール（ブルーチーズ）：du roquefort

解答

① Vous avez de l'huile d'olive ?
　ヴ　ザヴェ　ドゥ　リュイル　ドリーヴ
② Il y a une station de taxis près d'ici ?
　イリヤ　ユヌ　スタスィヨン　ドゥ　タクスィ　プレ　ディスィ
③ Vous avez du miel ?
　ヴ　ザヴェ　デュ　ミエル
④ Vous avez du roquefort ?
　ヴ　ザヴェ　デュ　ロクフォール

Unité 14 〜してもらえますか？ Vous pouvez 〜 ?

動詞 pouvoir を使って「〜してもらえますか？」と依頼する表現を覚えましょう。

基本フレーズ

1. Vous pouvez fermer la porte ?
ヴ　 プヴェ　フェルメ　ラ　ポルトゥ

ドアを閉めてもらえますか？

2. Tu peux porter cette valise ?
テュ　プ　ポルテ　セットゥ　ヴァリーズ

このスーツケース、持ってくれる？

3. Est-ce que vous pouvez signer ici ?
エ　ス　ク　ヴ　プヴェ　スィニェ　イスィ

ここにサインをしてくださいますか？

Vocabulaire 〈単語〉

fermer [fɛrme] 動　閉める
porte [pɔrt] f　ドア
porter [pɔrte] 動　（荷物を）持つ

cette [sɛt] 指示形容詞 f　この、その、あの
valise [valiz] f　スーツケース
signer [siɲe] 動　サインする

会話のポイント

1. Vous pouvez fermer la porte ? Vous pouvez ＋動詞の原形 ?

動詞 pouvoir の基本の意味は「〜することができる」です。

▶ **Je peux venir demain.**（明日、来られます）
　ジュ プ ヴニール ドゥマン

疑問文で「あなたは〜できますか？」と、相手に可能性を尋ねる形にすると、依頼の表現になります。主語が vous のときは、pouvoir は pouvez の形になります。

▶ **Vous pouvez m'aider ?**（手伝ってもらえますか？）
　ヴ ブヴェ メデ

2. Tu peux porter cette valise ? Tu peux ＋動詞の原形 ?

親しい間柄の人には vous ではなく tu を使いますね。主語が tu のとき、pouvoir は peux の形になります。

▶ **Tu peux m'aider ?**（手伝ってくれる？）
　テュ プ メデ

3. Est-ce que vous pouvez signer ici ?
Est-ce que vous pouvez ＋動詞の原形 ?

Est-ce que を文頭につけて「〜してくださいますか？」と丁寧に頼む表現です。

▶ **Est-ce que vous pouvez m'aider ?**（手伝ってくださいますか？）
　エ ス ク ヴ ブヴェ メデ

＊ここで疑問文の3通りのつくり方を見ておきましょう（文法コーナー［p.205］参照）。

①平叙文と同じ語順で文末のイントネーションを上げます。

▶ **Vous pouvez fermer la porte ?**（ドアを閉めてもらえますか？）
　ヴ ブヴェ フェルメ ラ ポルトゥ

②文頭に Est-ce que をつけます。Est-ce que が「あなたに聞きますよ」という相手へのサインとなり、①の疑問文より丁寧な言い方になります。

▶ **Est-ce que vous pouvez fermer la porte ?**（ドアを閉めてくださいますか？）
　エ ス ク ヴ ブヴェ フェルメ ラ ポルトゥ

③主語と動詞の語順を入れ替えます。倒置疑問文と言います。とても丁寧な言い方ですが、普通の会話ではあまり使いません。書き言葉ではこの形が使われます。

▶ **Pouvez-vous fermer la porte ?**（ドアを閉めていただけますか？）
　ブヴェ ヴ フェルメ ラ ポルトゥ

置き換え練習 ㉛

〜してもらえますか？

Vous pouvez me donner votre adresse e-mail ?
ヴ プヴェ ム ドネ ヴォトゥル アドゥレス イーメイル
（あなたのメールアドレスを渡す）

Vous pouvez attendre ici ?
ヴ プヴェ アタンドゥル イスィ
（ここで待つ）

〜してくれる？

Tu peux fermer la fenêtre ?
テュ プ フェルメ ラ フネートゥル
（窓を閉める）

Tu peux me passer le sel ?
テュ プ ム パセ ル セル
（塩を取る）

〜してくださいますか？

Est-ce que vous pouvez m'indiquer le chemin ?
エス ク ヴ プヴェ マンディケ ル シュマン
（道を教える）

Est-ce que vous pouvez parler lentement ?
エス ク ヴ プヴェ パルレ ラントゥマン
（ゆっくり話す）

Vocabulaire 〈単語〉

donner [dɔne] 動　与える、渡す	**sel** [sɛl] m　塩
adresse [adrɛs] f　住所	**indiquer** [ɛ̃dike] 動　指し示す、教える
e-mail [i-mɛl] m　メール	**chemin** [ʃ(ə)mɛ̃] m　道
fenêtre [f(ə)nɛtr] f　窓	**parler** [parle] 動　話す
passer [pase] 動　手渡す	**lentement** [lɑ̃tmɑ̃] 副　ゆっくりと

第2章 ✳ 基本フレーズ編

もうひとこと

Vous pouvez ～? と依頼されたときの答え方を見ましょう。

▶ **Vous pouvez m'aider ?**
　ヴ　　ブヴェ　　　メデ
（手伝ってもらえますか？）

Mais, bien sûr. / D'accord.
　メ　　ビヤン　スュール　　ダコール
（はい、もちろんです）／（いいですよ）

Je suis désolé(e), mais je n'ai pas le temps.
ジュ　スュイ　　デゾレ　　　　メ　ジュ　ネ　パ　ル　　タン
（申し訳ないのですが、時間がありません）

🔔 練習問題 …………………………………………… 31

① 暖房をつけてくれる？
　　ヒント　暖房をつける：allumer le chauffage

② このハガキを出してもらえますか？　▶平叙文の語順で
　　ヒント　このハガキを出す：poster cette carte

③ もっと大きな声で話してくださいますか？　▶Est-ce queを使って
　　ヒント　もっと大きな声で話す：parler plus fort

④ あなたの名前を書いてもらえますか？　▶平叙文の語順で
　　ヒント　あなたの名前：votre nom、書く：écrire

解答

① Tu peux allumer le chauffage ?
　テュ　プ　　アリュメ　ル　ショファージュ

② Vous pouvez poster cette carte ?
　ヴ　　ブヴェ　　ポステ　セットゥ キャルトゥ

③ Est-ce que vous pouvez parler plus fort ?
　エ　ス　ク　ヴ　　ブヴェ　　パルレ　プリュ フォール

④ Vous pouvez écrire votre nom ?
　ヴ　　ブヴェ　　エクリール ヴォトゥル ノン

71

Unité 15 〜していいですか？ Je peux 〜 ?

動詞 pouvoir は「〜をしていいですか？」と許可を求める表現にも使われます。

基本フレーズ

1 Je peux téléphoner ?
ジュ　プ　　　　テレフォネ
電話をしてもいい？

2 Est-ce que je peux essayer cette robe ?
エ　ス　ク　ジュ　プ　　エセイエ　　セットゥ　ロブ
このワンピースを試着してもいいですか？

3 Je peux avoir un plan de métro ?
ジュ　プ　アヴォワール　アン　プラン　ドゥ　メトゥロ
地下鉄路線図をもらえますか？

4 Est-ce que je peux avoir une brochure ?
エ　ス　ク　ジュ　プ　アヴォワール　ユヌ　ブロシュール
パンフレットをいただけますか？

Vocabulaire 〈単語〉

téléphoner [telefɔne] 動　電話する
essayer [eseje] 動　試す
robe [rɔb] f　ワンピース、ドレス

plan [plɑ̃] m　地図
brochure [brɔʃyr] f　パンフレット

会話のポイント

1 Je peux téléphoner ? `Je peux ＋動詞の原形 ?`

　pouvoirには「〜してもよい」という許可の意味もあります。Je peux 〜 ? と疑問文にすると、「〜してもいいですか？」と許可を求める表現になります。

　Je peux utiliser ça ?（これ、使ってもいい？）と、ひとこえかけてから使わせてもらいましょう。

2 Est-ce que je peux essayer cette robe ?
`Est-ce que je peux ＋動詞の原形 ?`

　ブティックなどで試着を頼むときの表現です。Unité 14 **3**（p.69）で取り上げましたが、Est-ce queを文頭につけると、丁寧な表現になります。

　Je peux 〜 ?を倒置疑問にする場合、Peux-je 〜 ?とは言えません。peuxではなくpuisという形を使って、Puis-je 〜 ?と言います。とても丁寧に許可を求める表現で、ふつう会話ではあまり使われません。上司に向かって話す場合や、お店の人が客に対して話す場合などに使われます。

　▶ Puis-je fumer ici ?（ここでタバコを吸ってもいいでしょうか？）

3 Je peux avoir un plan de métro ?
`Je peux avoir ＋名詞 ?`

　Je peux avoir 〜 ?は「〜をもらえますか？」と自分のほしいものを頼むときの表現です。Unité 13 **1**（p.64）のVous avez 〜 ?（〜はありますか？）も自分のほしいものを頼むときに使う表現でしたね。こちらはほしいものがあるかどうか分からないというときに使います。Je peux avoir 〜 ?はほしいものがその場にあることがある程度分かっている上で頼むときに使う表現です。

4 Est-ce que je peux avoir une brochure ?
`Est-ce que je peux avoir ＋名詞 ?`

　Est-ce que je peux avoir 〜 ?は「〜をいただけますか？」と、丁寧な表現になります。

置き換え練習 🔴33

〜してもいいですか？

Est-ce que je peux allumer la télé?
エス ク ジュ プ アリュメ ラ テレ
（テレビを点ける）

Est-ce que je peux laisser ces bagages ?
エス ク ジュ プ レセ セ バガージュ
（この荷物を預ける）

Est-ce que je peux entrer ?
エス ク ジュ プ アントゥレ
（入る）

Est-ce que je peux utiliser cet ordinateur ?
エス ク ジュ プ ユティリゼ セ トルディナトゥール
（このコンピュータを使う）

〜をもらえますか？

Je peux avoir les horaires des bus?
ジュ プ アヴォワール レ ゾレール デ ビュス
（バスの時刻表）

Je peux avoir un plan de la ville ?
ジュ プ アヴォワール アン プラン ドゥ ラ ヴィル
（街の地図）

Je peux avoir un billet d'entrée ?
ジュ プ アヴォワール アン ビエ ダントゥレ
（入場券）

Je peux avoir les horaires des TGV ?
ジュ プ アヴォワール レ ゾレール デ テジェヴェ
（TGVの時刻表）

Vocabulaire 〈単語〉

allumer [alyme] 動 （器具などを）点ける
télé [tele] f テレビ（télévisionの略語）
laisser [lese] 動 預ける、残す
bagage [bagaʒ] m 手荷物、旅行鞄
entrer [ɑ̃tre] 動 入る
utiliser [ytilize] 動 使う

ordinateur [ɔrdinatœr] m コンピューター
horaire [ɔrɛr] m 時刻表
bus [bys] m バス
ville [vil] f 都市、町
billet [bijɛ] m 切符、券
entrée [ɑ̃tre] f 入場、入り口
TGV [teʒeve] m 高速列車

第2章 ✳ 基本フレーズ編

もうひとこと

Je peux 〜？と許可を求められたときの答え方を見ましょう。

▶ **Je peux utiliser cet ordinateur ?**
　ジュ　プ　ユティリゼ　セ　トルディナトゥール
（このコンピュータを使ってもいい？）

Oui, bien sûr, tu peux.
　ウィ　ビヤン　シュール　テュ　プ
（もちろん、いいよ）

Non, tu ne peux pas. Je vais l'utiliser.
　ノン　テュ　ヌ　プ　パ　ジュ　ヴェ　リュティリゼ
（いや、だめだよ。これから使うんだよ）

❗ 練習問題　🔴 33

① ここに座ってもいいですか？
　ヒント　（私が）座る：m'asseoir

② この雑誌、読んでいい？
　ヒント　この雑誌：ce magazine、読む：lire

③ 写真を撮っていいですか？
　ヒント　写真を撮る：prendre des photos

④ パンフレットをいただけますか？
　ヒント　パンフレット：une brochure

解答

① Est-ce que je peux m'asseoir ici?
　エ　ス　ク　ジュ　プ　マソワール　イシ

② Je peux lire ce magazine ?
　ジュ　プ　リール　ス　マガズィヌ

③ Est-ce que je peux prendre des photos ?
　エ　ス　ク　ジュ　プ　プランドゥル　デ　フォト

④ Est-ce que je peux avoir une brochure ?
　エ　ス　ク　ジュ　プ　アヴォワール　ユヌ　ブロシュール

Unité 16 〜しましょうか？ On 〜 ?

提案、勧誘の表現を覚えましょう。「カフェに行きましょうか？」「モネ展を見ましょうか？」と提案したいことはたくさんあります。

基本フレーズ

1 **On déjeune ensemble ?**
オン　　デジュヌ　　　　アンサンブル

お昼を一緒に食べましょうか？

2 **On va voir ce DVD ?**
オン　ヴァ　ヴォワール　ス　デヴェデ

これからこのDVDを見ましょうか？

3 **Vous voulez faire une promenade avec nous ?**
ヴ　　ヴレ　　　フェール　ユヌ　　プロムナドゥ　　アヴェック　ヌ

私たちと一緒に散歩をするのはいかがですか？

4 **Vous ne voulez pas prendre un café avec nous ?**
ヴ　ヌ　ヴレ　　パ　　プランドゥル　アン　カフェ　アヴェック　ヌ

私たちと一緒にコーヒーを飲みませんか？

Vocabulaire 〈単語〉

on [ɔ̃]
不定代名詞　[会話で] 私たち、(一般的な) 人々

déjeuner [deʒœne] 動　昼食をとる

ensemble [ɑ̃sɑ̃bl] 副　一緒に

promenade [prɔm(ə)nad] f　散歩

prendre [prɑ̃dr] 動　食べる、飲む、(手に) 取る

café [kafe] m　コーヒー

会話のポイント

1 On déjeune ensemble ?　`On ＋動詞 3 人称単数の活用形〜 ?`

　提案、勧誘の表現として、会話でよく使われるのがonを主語にする疑問文です。onは主語としてのみ使われる代名詞で、「人々は」「誰かが」「私たちは」など、さまざまな意味で使われます。ここでは、「（相手も含めた）私たちは」の意味でnousの代わりに使われています。

2 On va voir ce DVD ?　`On va ＋動詞の原形 ?`

　「aller＋動詞の原形」は「〜しようとしています」という近い未来を表すことができます。onにこの「aller＋動詞の原形」を続け、疑問文にすると、「これから〜しましょうか？」と誘う表現になります。

3 Vous voulez faire une promenade avec nous ?
`Vous voulez ＋動詞の原形 ?`

　vouloirはUnité 11 **1 2**（p.56）のJe voudrais 〜 .「〜がほしいのですが」「〜したいのですが」という表現で取り上げた動詞です。このvouloirをvousやtuを主語にした文で使い、疑問の形にすると「〜するのはどうですか？」と相手の意向を尋ねる表現になります。

4 Vous ne voulez pas prendre un café avec nous ?
`Vous ne voulez pas ＋動詞の原形 ?`

　Vous voulez 〜 ? の否定形です。「〜したくないですか？」と尋ねることで、やはり相手の意向を尋ねる表現になります。

置き換え練習 🎧35

〜しましょうか？

On va au musée ?
オン ヴァ オ ミュゼ
（美術館に行く）

On dîne ensemble ?
オン ディヌ アンサンブル
（一緒に夕食をとる）

On danse ?
オン ダンス
（踊る）

On chante ?
オン シャントゥ
（歌う）

これから〜しましょうか？

On va téléphoner à Jacques ?
オン ヴァ テレフォネ ア ジャック
（ジャックに電話をする）

On va faire du shopping ?
オン ヴァ フェール デュ ショピング
（ショッピングをする）

On va jouer aux échecs ?
オン ヴァ ジュエ オ ゼシェック
（チェスをする）

On va aller prendre un verre ?
オン ヴァ アレ プランドゥル アン ヴェール
（一杯飲みに行く）

Vocabulaire 〈単語〉

musée [myze] Ⓜ 美術館、博物館
dîner [dine] 動 夕食をとる
shopping [ʃɔpiŋ] Ⓜ 買い物

jouer [ʒwe] 動 遊ぶ、（ゲーム、スポーツ）をする
échecs [eʃɛk] Ⓜ （複数形で）チェス
verre [vɛr] Ⓜ グラス、1杯のお酒

もうひとこと

On va dîner ensemble ?（一緒に夕食を食べませんか？）
オン　ヴァ　ディネ　　　アンサンブル

● 誘いに応える表現

▶ **Avec plaisir. / Volontiers.**（喜んで）
　アヴェック　プレズィール　　　ヴォロンティエ

Bonne idée !（いいですね！）
　ボ　　　ニデ

※ Bonne idée は少しくだけた表現です。

● 誘いを断る表現

▶ **Désolé(e), mais ce n'est pas possible.**（すみません、無理です）
　デゾレ　　　　　　メ　ス　ネ　パ　ポスィーブル

Désolé(e), je suis occupé(e).（すみません、忙しくて）
　デゾレ　　　　　　ジュ　スュイ　ゾキュぺ

練習問題 🔊 35

① 映画に行きましょうか？

　ヒント 映画に行く：aller au cinéma

② 花火を見に行きましょうか？

　ヒント 花火を見に行く：aller voir les feux d'artifice

③ 芝居に行きましょうか？

　ヒント 芝居に行く：aller au théâtre

④ ヴェルサイユを訪れてみましょうか？

　ヒント ヴェルサイユを訪れる：visiter Versailles

解答

① On va au cinéma ?
　オン　ヴァ　オ　スィネマ

② On va aller voir les feux d'artifice ?
　オン　ヴァ　アレ　ヴォワール　レ　フ　ダルティフィス

③ On va aller au théâtre ?
　オン　ヴァ　アレ　オ　テアトゥル

④ On va visiter Versailles ?
　オン　ヴァ　ヴィズィテ　ヴェルサイユ

Unité 17 〜するつもりです Je vais 〜.

これからしようと思っていることを言う表現を覚えましょう。旅行の予定などを話すときに使える表現です。

基本フレーズ

1 **Je vais visiter le Mont-Saint-Michel demain.**
ジュ ヴェ ヴィズィテ ル モン サン ミシェル ドゥマン

明日、モン・サン・ミシェルを訪れるつもりです。

2 **Je compte partir le 7 juillet.**
ジュ コントゥ パルティール ル セットゥ ジュイエ

7月7日に出発するつもりです。

3 **J'ai l'intention de suivre un stage de danse à l'Opéra.**
ジェ ランタンスィヨン ドゥ スュイーヴル アン スタージュ ドゥ ダンス ア ロペラ

オペラ座のダンス講習を受けるつもりです。

Vocabulaire 〈単語〉

Mont-Saint-Michel [mɔ̃-sɛ̃-miʃɛl]
m モン・サン・ミシェル

compter [kɔ̃te]
動 (〜の)つもりでいる、数える

partir [partir] 動 出発する

juillet [ʒɥijɛ] m 7月

intention [ɛ̃tɑ̃sjɔ̃] f 意図

suivre [sɥivr] 動 (授業などを)受ける

stage [staʒ] m 研修、講習

danse [dɑ̃s] f ダンス

Opéra [ɔpera] m (パリの)オペラ座

会話のポイント

1 Je vais visiter le Mont-Saint-Michel demain.
Je vais ＋動詞の原形

　Unité 16 **2**（p.77）で「aller ＋動詞の原形」は「〜しようとしています」と近い未来を表す表現になることを見ました。現在の状況からほぼ確実な予定を言う表現としても会話でよく使われます。

2 Je compte partir le 7 juillet. **Je compte ＋動詞の原形**

　動詞 compter の基本の意味は「数える」です。「compter ＋動詞の原形」で「〜するつもりです」の意味になります。「予定を立てているところでまだ決定はしていない」という意味合いを含んだ表現です。

　日付は le 7 juillet のように「定冠詞（le）＋〜日＋〜月」と表します。「〜日」の数字は月初めだけ premier「1番目の」という序数詞を使いますが、あとは普通の数詞を使います（暦の月に関しては第3章［p.127］参照）。「〜月〜日に」という場合も le 7 juillet のように日付だけで、前置詞はつけません。

3 J'ai l'intention de suivre un stage de danse à l'Opéra.
J'ai l'intention de ＋動詞の原形

　intention は「意図」という名詞で、「l'intention de ＋動詞の原形」は「〜する意図」という意味になります。「avoir l'intention de ＋動詞の原形」で「〜する意図を持っています」です。少し強めに自分の意思を伝える表現です。

▶ **J'ai l'intention de passer le permis de conduire.**
　ジェ　ランタンスィヨン　ドゥ　パセ　ル　ペルミ　ドゥ　コンデュイール

（運転免許を取るつもりです）

置き換え練習

〜するつもりです

Je vais aller à Paris.
ジュ ヴェ アレ ア パリ
（パリに行く）

Je vais visiter Chartres.
ジュ ヴェ ヴィズィテ シャルトゥル
（シャルトルを訪れる）

Je vais monter sur la Tour Eiffel.
ジュ ヴェ モンテ スュール ラ トゥー レッフェル
（エッフェル塔に上る）

Je vais prendre le bateau-mouche.
ジュ ヴェ プランドゥル ル バト ムーシュ
（バトー・ムーシュに乗る）

〜するつもりです

Je compte acheter une voiture.
ジュ コントゥ アシュテ ユヌ ヴォワチュール
（車を一台買う）

Je compte aller dans une école de langues.
ジュ コントゥ アレ ダン ズュ ネコール ドゥ ラング
（語学学校に行く）

J'ai l'intention d'écrire un livre.
ジェ ランタンスィヨン デクリール アン リーヴル
（本を書く）

J'ai l'intention d'apprendre le français.
ジェ ランタンスィヨン ダプランドゥル ル フランセ
（フランス語を習う）

Vocabulaire 〈単語〉

Chartres [ʃartr]
シャルトル（オルレアン地方の都市）

monter [mɔ̃te] 動 上がる、上る

Tour Eiffel f エッフェル塔

bateau-mouche [bato-muʃ]
m バトー・ムーシュ（セーヌ川観光船）

acheter [aʃte] 動 買う

voiture [vwatyr] f 車

école [ekɔl] f 学校

langue [lɑ̃g] f 言語

écrire [ekrir] 動 書く

apprendre [aprɑ̃dr] 動 習う

第2章 ✳ 基本フレーズ編

もうひとこと

動詞 penser「思う」を使った「Je pense ＋動詞の原形」の形でも「〜しようと思っています」とこれからするつもりのことを言い表すことができます。Je compte 〜 . より柔らかく言う表現です。

▶ **Je pense voir cette exposition.**
　ジュ　パンス　ヴォワール　セッ　テクスポズィスィヨン
（この展覧会を見ようと思っています）

❗ 練習問題

① ノートルダム大聖堂を訪れるつもりです。
　ヒント　ノートルダム大聖堂：Notre-Dame de Paris

② 友達とピクニックをするつもりです。
　ヒント　友達と：avec mes amis、ピクニックをする：pique-niquer

③ オペラ座で『白鳥の湖』を見るつもりです。
　ヒント　オペラ座で：à l'Opéra、『白鳥の湖』：Le Lac des cygnes

④ マネの展覧会を見るつもりです。
　ヒント　マネの展覧会：l'exposition Manet

解答

① Je vais visiter Notre-Dame de Paris.
　ジュ　ヴェ　ヴィズィテ　ノトゥル　ダム　ドゥ　パリ
② Je vais pique-niquer avec mes amis.
　ジュ　ヴェ　ピクニケ　アヴェック　メ　ザミ
③ Je vais voir *Le Lac des cygnes* à l'Opéra.
　ジュ　ヴェ　ヴォワール　ラック　デ　スィーニュ　ア　ロペラ
④ Je vais voir l'exposition Manet.
　ジュ　ヴェ　ヴォワール　レクスポズィスィヨン　マネ

Unité 18 〜しなければなりません　Je dois 〜.

「予約をしなければならない」「時間通りに着かなければならない」など、義務や必要性を言う表現を覚えましょう。

基本フレーズ

1 **Je dois travailler.**
ジュ　ドワ　トゥラヴァイエ

働かなければなりません。

2 **J'ai besoin de prendre le train de treize heures.**
ジェ　ブゾワン　ドゥ　プランドゥル　ル　トゥラン
ドゥ　トゥレー　ズール

13時の電車に乗らなければなりません。

3 **Il faut partir tout de suite.**
イル　フォ　パルティール　トゥ　ドゥ　スュイットゥ

すぐ出発しなければなりません。

4 **Je n'ai pas besoin de rester ici.**
ジュ　ネ　パ　ブゾワン　ドゥ　レステ　イスィ

ここに留まる必要はありません。

Vocabulaire 〈単語〉

besoin [bəzwɛ̃] m　必要
train [trɛ̃] m　電車
heure [œr] f　時間、(時刻の) 〜時

tout de suite　すぐに
rester [rɛste] 動　留まる

会話のポイント

1 Je dois travailler.　Je dois ＋動詞の原形

　動詞devoirに動詞の原形を続けると「〜しなければならない」という義務の表現になります。devoirは主語がjeのときdoisとなります。「そうしたい気持ちは特にないけれど、しなければならない」というニュアンスがあります。

　名詞devoirには「義務」「宿題」という意味があります。宿題はしなければならないものですね。

2 J'ai besoin de prendre le train de treize heures.
J'ai besoin de ＋動詞の原形

　「必要」という意味の名詞besoinを使った表現avoir besoin deの後に動詞の原形を続けます。「自分のために〜する必要があります」というニュアンスを含んだ「〜しなければならない」の意味になります。

3 Il faut partir tout de suite.　Il faut ＋動詞の原形

　Il fautに動詞の原形を続けると「〜しなければなりません」の意味になります。主語のilは、Unité 13 2 4（p.64）のIl y a 〜 . の表現で見た形式的な主語（非人称のil）です。Je dois 〜 . やJ'ai besoin de 〜 . と違って、この表現では、誰が〜しなければならないのかは示されません。状況で判断されます。表現として直接的ではないので、例文は「（電車に遅れないように）すぐ出発した方がいいです」といったニュアンスになります。

4 Je n'ai pas besoin de rester ici.
Je n'ai pas besoin de ＋動詞の原形

　「J'ai besoin de ＋動詞の原形」の否定形は「〜する必要はありません」の意味になります。

置き換え練習 ㊴

〜しなければなりません

Je dois téléphoner au bureau.
ジュ ドワ テレフォネ オ ビュロ
(オフィスに電話する)

Je dois envoyer cette lettre.
ジュ ドワ アンヴォワイエ セットゥ レットゥル
(この手紙を送る)

Je dois aller à la poste.
ジュ ドワ アレ ア ラ ポストゥ
(郵便局に行く)

Je dois rentrer tout de suite.
ジュ ドワ ラントゥレ トゥ ドゥ スュイットゥ
(すぐに帰る)

〜しなければなりません

Il faut parler clairement.
イル フォ パルレ クレールマン
(はっきり話す)

Il faut être ponctuel.
イル フォ エートゥル ポンクテュエル
(時間を守る)

Il faut faire du sport.
イル フォ フェール デュ スポル
(スポーツをする)

Il faut continuer à apprendre.
イル フォ コンティニュエ ア アプランドゥル
(学び続ける)

Vocabulaire 〈単語〉

envoyer [ɑ̃vwaje] 動 送る

poste [pɔst] f 郵便局

rentrer [rɑ̃tre] 動 帰宅する

clairement [klɛrmɑ̃] 副 はっきりと

ponctuel(le) [pɔ̃ktɥɛl] 形 時間通りの

sport [spɔr] m スポーツ

continuer [kɔ̃tinɥe] 動 続ける

もうひとこと

「Je dois ＋動詞の原形」と「Il faut ＋動詞の原形」の否定形は「～しなくてもいいです」「～する必要はありません」という意味にはなりません。「～してはいけません」と禁止の意味になります。

▶ **Je ne dois pas être en retard.**（私は遅れてはいけないのです）
ジュ　ヌ　ドワ　パ　ゼートゥル　アン　ルタール

Il ne faut pas être en retard.（遅れてはいけません）
イル　ヌ　フォ　パ　ゼートゥル　アン　ルタール

練習問題　39

① プレゼントを買わなければなりません。▶ **Je dois** を使って
　ヒント　プレゼントを買う：acheter un cadeau

② 時間通りに着かなければなりません。▶ **Je dois** を使って
　ヒント　時間通りに着く：arriver à l'heure

③ ホテルの予約をしなければなりません。▶ **Je dois** を使って
　ヒント　ホテルの予約をする：réserver un hôtel

④ 切符を刻印機に通さなければなりません。▶ **il faut** を使って
　ヒント　切符を刻印機に通す：composter le billet

解答

① **Je dois acheter un cadeau.**
ジュ　ドワ　アシュテ　アン　カド

② **Je dois arriver à l'heure.**
ジュ　ドワ　アリヴェ　ア　ルール

③ **Je dois réserver un hôtel.**
ジュ　ドワ　レゼルヴェ　アン　ノテル

④ **Il faut composter le billet.**
イル　フォ　コンポステ　ル　ビエ

Unité 19 — 何ですか？／誰ですか？ Qu'est-ce que c'est ?／C'est qui ?

ものや人について「何ですか？」「誰ですか？」と問う表現、それに答える表現を合わせて覚えましょう。

基本フレーズ

1　Qu'est-ce que c'est ?
　　　ケ　　ス　ク　　セ

（これは／それは／あれは）何ですか？

2　C'est une broche.
　　セ　　テュヌ　　ブロシュ

（これは／それは／あれは）ブローチです。

3　C'est qui ?
　　セ　　キ

（この人は／その人は／あの人は）誰ですか？

4　C'est un professeur.
　　セ　　タン　　プロフェスール

（この人は／その人は／あの人は）先生です。

Vocabulaire〈単語〉

que ［kə］ 疑問代名詞　何、何を
broche ［brɔʃ］ f　ブローチ

qui ［ki］ 疑問代名詞　誰、誰が、誰を
professeur ［prɔfɛsœr］ m　先生

会話のポイント

1 Qu'est-ce que c'est ?

　ものや事柄について「何ですか？」と尋ねる表現です。フランス語では、「これ」「それ」「あれ」の区別は特にありません。状況によって判断します。話題に取り上げるものが単数でも複数でも、Qu'est-ce que c'est ? と言います。

2 C'est une broche. `C'est＋単数名詞（もの／こと）`

　Qu'est-ce que c'est ? という問いに答えるとき、話題のものが単数ならC'est 〜、複数ならCe sont 〜です。

▶ **Ce sont des boucles d'oreilles.**（イヤリングです）
　ス　ソン　デ　ブクル　　　ドレイユ

3 C'est qui?

　人について「誰ですか？」と尋ねる表現です。ものについて尋ねる場合と同様、話題に取り上げる人が単数でも複数でもC'est qui? と言います。

4 C'est un professeur. `C'est＋単数名詞（人）`

　C'est qui ? という問いにも 2 と同じC'est 〜 / Ce sont 〜で答えます。話題の人が単数ならC'est 〜、複数ならCe sont 〜です。

▶ **Ce sont des étudiants.**（学生たちです）
　ス　ソン　デ　ゼテュディヤン

置き換え練習 🔴41

> 何ですか？
> **Qu'est-ce que c'est ?**
> ケ ス ク セ
> 〜です

C'est un château.
セ タン シャト
（城）

C'est une église.
セ テュ ネグリーズ
（教会）

Ce sont des trams.
ス ソン デ トゥラム
（路面電車）

Ce sont des restaurants.
ス ソン デ レストラン
（レストラン）

> この写真の人は誰ですか？
> **C'est qui, sur cette photo ?**
> セ キ スュル セットゥ フォト
> 〜です

C'est Paul.
セ ポール
（ポール）

C'est Julie.
セ ジュリ
（ジュリー）

Ce sont mes parents.
ス ソン メ パラン
（私の両親）

Ce sont mes amis.
ス ソン メ ザミ
（私の友人たち）

Vocabulaire 〈単語〉

château ［ʃato］ Ⓜ 城

église ［egliz］ Ⓕ 教会

tram ［tram］
Ⓜ 路面電車（tramwayの略語）

restaurant ［rɛstɔrɑ̃］ Ⓜ レストラン

parents ［parɑ̃］ Ⓜ （複数形で）両親

ami(e) ［ami］ Ⓜ Ⓕ 友人

もうひとこと

C'est 〜 . / Ce sont 〜 . は Qu'est-ce que c'est ? / C'est qui ? に答える場合だけでなく、ものや人について提示、説明をする場合にも使われます。

▶ **C'est un téléphone portable.**（これは携帯電話です）
　　セ　　タン　　テレフォヌ　　ポルターブル

C'est une actrice.（この人は女優です）
　セ　　テュ　　ナクトゥリス

練習問題

Qu' est-ce que c' est ? / C' est qui ?のどちらかを使って会話を完成させましょう。

① (　　　　　) - **C'est une chanteuse.**
　　　　　　　　　　セ　テュヌ　　シャントゥーズ
女性歌手です。

② (　　　　　) - **Ce sont des livres pour enfants.**
　　　　　　　　　ス　ソン　デ　リーヴル　プー　ランファン
児童書です。

③ (　　　　　) - **C'est un film français.**
　　　　　　　　　セ　タン　フィルム　フランセ
フランス映画です。

④ (　　　　　) - **C'est un écrivain japonais.**
　　　　　　　　　セ　タン　ネクリヴァン　ジャポネ
日本人作家です。

解答

①, ④ C'est qui ?　　②, ③ Qu'est-ce que c'est ?
　　　セ　キ　　　　　　　　ケ　ス　ク　セ

Unité 20 どこですか？ Où ～ ?

「～はどこですか？」「どこに住んでいますか？」など場所を尋ねる表現を取り上げます。

基本フレーズ

1　Où est le guichet ?
　　ウ　エ　ル　ギシェ

切符売り場はどこですか？

2　Où sont les toilettes ?
　　ウ　ソン　レ　トワレットゥ

トイレはどこですか？

3　Vous habitez où ?
　　ヴ　ザビテ　ウ

どこに住んでいますか？

4　Vous allez où ?
　　ヴ　ザレ　ウ

どこへ行くのですか？

5　Vous venez d'où ?
　　ヴ　ヴネ　ドゥ

どこから来たのですか？

Vocabulaire 〈単語〉

où ［u］ 疑問副詞　どこに、どこへ

guichet ［giʃɛ］ m　窓口、切符売り場

venir ［v(ə)nir］ 動　来る

会話のポイント

1 Où est le guichet ? `Où est ＋単数名詞？`

「どこですか？」と場所を尋ねるときには疑問詞oùを使います。「～はどこにありますか？」「～はどこにいますか？」と、物のある場所や人の居る場所を尋ねるとき、話題に取り上げる名詞が単数の場合はOù est ～？となります。

2 Où sont les toilettes ? `Où sont ＋複数名詞？`

話題に取り上げる名詞が複数の場合はOù sont ～？となります。
toilette(s)は「トイレ」の意味で使うときはいつも複数形です。

3 Vous habitez où ? `主語＋動詞＋où？`

会話では、主語＋動詞の後に疑問詞を置く疑問形をよく使います。平叙文と同じ語順です。
1 **2** のように話題の名詞の場所を尋ねる場合はoùを文頭に置く形をよく使います。

4 Vous allez où ?

où ?は **1**～**3** のように「どこに？」「どこで？」と聞くときだけでなく、「どこへ？」と尋ねる場合にも使います。

5 Vous venez d'où ?

「どこから？」と聞くときには、oùの前に出発点を表すdeをつけて、d'oùとします。例文の動詞はvenir「来る」です。出身を尋ねるときにもVous venez d'où ?を使います。

置き換え練習 🎵43

～はどこですか？

Où est l'arrêt de bus ?
ウ エ ラレ ドゥ ビュス
（バス停）

Où est l'office du tourisme?
ウ エ ロフィス デュ トゥリスム
（観光案内所）

Où est le musée Rodin ?
ウ エ ル ミュゼ ロダン
（ロダン美術館）

Où sont les Invalides ?
ウ ソン レ ザンヴァリッドゥ
（アンヴァリッド）

Où sont les Galeries Lafayette ?
ウ ソン レ ギャルリ ラファイエットゥ
（ギャラリー・ラファイエット）

あなたはどこで～をしますか？

Vous travaillez où ?
ヴ トゥラヴァイエ ウ
（働く）

Vous étudiez le français où ?
ヴ ゼテュディエ ル フランセ ウ
（フランス語を勉強する）

Vous déjeunez où ?
ヴ デジュネ ウ
（昼食をとる）

Vous faites les courses où ?
ヴ フェットゥ レ クルス ウ
（買い物をする）

Vous voyez Vincent où ?
ヴ ヴォワイエ ヴァンサン ウ
（ヴァンサンに会う）

Vocabulaire 〈単語〉

arrêt de bus ⓜ　バス停

office du tourisme ⓜ　観光案内所

Rodin [rɔdɛ̃]　ロダン

Invalides [ɛ̃valid] ⓜ　アンヴァリッド

Galeries Lafayette ⓕ　ギャラリー・ラファイエット

faire les courses　買い物をする

もうひとこと

Où est la mairie ?（市役所はどこですか？）

là-bas	あそこに	C'est là-bas.	（あそこです）
devant 〜	〜の前に	C'est devant l'église.	（教会の前です）
derrière 〜	〜の後ろに	C'est derrière la gare.	（駅の裏手です）
en face de 〜	〜の正面に	C'est en face de la poste.	（郵便局の正面です）
près de 〜	〜の近くに	C'est près d'ici.	（この近くです）
loin de 〜	〜から遠くに	C'est loin d'ici.	（ここから遠いです）

❗ 練習問題 　　🔊 43

① 郵便局はどこですか？
　ヒント 郵便局：la poste

② 君はどこに住んでいるの？

③ 日本大使館はどこですか？
　ヒント 日本大使館：l'ambassade du Japon

④ 君の車はどこにあるの？
　ヒント 君の車：ta voiture

解答

① **Où est la poste ?**
② **Tu habites où ?**
③ **Où est l'ambassade du Japon ?**
④ **Où est ta voiture ?**

Unité 21 どの〜ですか？ Quel〜？

ものも人もさまざまです。そのなかの「どの〜？」「どんな〜？」と尋ねる表現を覚えましょう。

基本フレーズ

1 Vous prenez quel vin ?
ヴ　プルネ　ケル　ヴァン
どのワインにしますか？

2 Vous habitez à quel étage ?
ヴ　ザビテ　ア　ケ　レタージュ
何階に住んでいますか？

3 Quel est votre numéro de téléphone ?
ケ　レ　ヴォトゥル　ニュメロ　ドゥ　テレフォヌ
あなたの電話番号は何ですか？

4 Quelles sont vos coordonnées ?
ケル　ソン　ヴォ　コオルドネ
あなたの連絡先は何ですか？

Vocabulaire 〈単語〉

quel(le) [kɛl]
疑問形容詞　どの、どんな、何

étage [etaʒ] m　階

numéro de téléphone m　電話番号

coordonnées [kɔɔrdɔne]
f　（複数形で）連絡先

会話のポイント

1 Vous prenez quel vin ?　主語＋動詞＋quel＋名詞？

「どの〜？」と聞くときには、疑問形容詞quelを使います。quelは関係する名詞の性数に合わせてquelle / quels / quellesと形を変えます。ただ、発音はすべて「ケル」です。

▶ **Vous prenez quelle bière ?**（どのビールにしますか？［bière女性・単数形］）
　ヴ　プルネ　　ケル　　ビエール

Vous visitez quels châteaux ?（どの城を訪れますか？［châteaux男性・複数形］）
ヴ　ヴィズィテ　ケル　　シャト

Vous lisez quelles revues ?（どの雑誌を読みますか？［revues女性・複数形］）
ヴ　リゼ　ケル　　ルヴュ

　Unité 14 **3**（p.69）で疑問文の形が3通りあることを見ました。いくつか例外はありますが、疑問詞のある疑問文でも同様です（文法コーナー［p.206］参照）。会話では上の例文のように平叙文と同じ語順を使います。イントネーションでつくる疑問文に当たります。est-ce queを使う疑問文、倒置疑問文はあまり使いません。

2 Vous habitez à quel étage ?
主語＋動詞＋前置詞＋quel＋名詞？

　quel étage「何階」の前に、場所の前置詞à「〜に」をつけると「何階に？」と尋ねる表現になります。

3 Quel est votre numéro de téléphone ?
Quel(le) est＋単数名詞？

　「〜は何ですか？」と尋ねるときにもquelが使われます。quelに関係する名詞は動詞êtreの後に置かれます。話題の名詞が単数か複数かによって **3 4** のように文の形が少し変わります。この表現では、quelが文頭に来ます。

4 Quelles sont vos coordonnées ?
Quel(le)s sont＋複数名詞？

　話題の名詞coordonnées（連絡先）が女性・複数形なので、疑問詞もquellesと女性・複数形になります。

置き換え練習

どの〜にしますか？

Vous prenez quels gâteaux ?
ヴ　プルネ　ケル　ガト
（ケーキ［男・複］）

Vous prenez quelles cartes ?
ヴ　プルネ　ケル　キャルトゥ
（カード［女・複］）

Vous prenez quel menu ?
ヴ　プルネ　ケル　ムニュ
（コース料理［男・単］）

Vous prenez quelle soupe ?
ヴ　プルネ　ケル　スープ
（スープ［女・単］）

〜は何／どれですか？

Quel est votre budget ?
ケ　レ　ヴォトゥル　ビュジェ
（あなたの予算［男・単］）

Quelle est votre taille ?
ケ　レ　ヴォトル　タイユ
（あなたの服のサイズ［女・単］）

Quels sont vos projets ?
ケル　ソン　ヴォ　プロジェ
（あなたの計画［男・複］）

Quelles sont vos couleurs préférées ?
ケル　ソン　ヴォ　クルール　プレフェレ
（あなたの好きな色［女・複］）

Vocabulaire 〈単語〉

gâteau [gato] Ⓜ　菓子、ケーキ
menu [məny] Ⓜ　コース料理、定食
soupe [sup] Ⓕ　スープ
budget [bydʒɛ] Ⓜ　予算

taille [taj] Ⓕ　身長、（服の）サイズ
projet [prɔʒɛ] Ⓜ　計画
couleur [kulœr] Ⓕ　色
préféré(e) [prefere] 形　お気に入りの

もうひとこと

▶ **Il est quelle heure ?** (何時ですか？)
イ　レ　ケ　　　ルール

On est quel jour ? (今日は何曜日ですか？)
オン　ネ　ケル　ジュール

Il fait quel temps ? (どんな天気ですか？)
イル　フェ　ケル　タン

練習問題

① **Vous aimez** (　　　　) (　　　　) ?

どんなスポーツが好きですか？

ヒント スポーツ：sports（男・複）

② (　　　　　) **est votre** (　　　　) ?

あなたの職業は何ですか？

ヒント 職業：profession（女・単）

③ **Vous prenez** (　　　　) (　　　　) ?

あなたはどの授業をとりますか？

ヒント 授業：cours（男・複）

④ (　　　　) **sont vos** (　　　　) (　　　　) ?

あなたの好きな番組は何ですか？

ヒント 好きな番組：émissions préférées（女・複）

解答

① Vous aimez quels sports ?
　　ヴ　ゼメ　ケル　スポール

② Quelle est votre profession ?
　　ケ　レ　ヴォトゥル　プロフェスィヨン

③ Vous prenez quels cours ?
　　ヴ　プルネ　ケル　クール

④ Quelles sont vos émissions préférées ?
　　ケル　ソン　ヴォ　ゼミスィヨン　プレフェレ

Unité 22 いつ〜しますか？ 〜quand ?

「いつ〜しますか？」「何時に〜しますか？」など、時期や時間について尋ねる表現を覚えましょう。

基本フレーズ

1 **Vous partez quand ?**
ヴ　　パルテ　　カン

いつ出発しますか？

2 **Vous arrivez à quelle heure ?**
ヴ　ザリヴェ　ア　ケ　　ルール

何時に着きますか？

3 **Vous restez à Paris jusqu'à quand ?**
ヴ　レステ　ア　パリ　ジュスカ　カン

パリにいつまでいますか？

4 **Tu travailles jusqu'à quelle heure ?**
テュ　トゥラヴァイユ　ジュスカ　ケ　ルール

何時まで仕事をするの？

Vocabulaire 〈単語〉

quand [kɑ̃] 疑問副詞　いつ
arriver [arive] 動　着く

jusqu'à [ʒyska] 前　〜まで

💡 会話のポイント

1 **Vous partez quand ?**　主語＋動詞＋**quand** ?

「いつ〜しますか？」と時期を尋ねるときは、疑問詞 quand を使います。答えには、月日や曜日などが使われます。

▶ **Je pars le 5 mai.**（5月5日に出発します）
　ジュ　パール　ル サンク メ

　Je pars mardi.（火曜日に出発します）
　ジュ　パール　マルディ

2 **Vous arrivez à quelle heure ?**
主語＋動詞＋**à quelle heure** ?

「何時に〜しますか？」と尋ねるときには、à quelle heure を使います。この疑問詞 quel(le) は、Unité 21（p.96）で取り上げました。「〜時に」は à 〜 heure(s) と言います。

▶ **J'arrive à huit heures.**（8時に着きます）
　ジャリーヴ　ア　ユイ　トゥール

3 **Vous restez à Paris jusqu'à quand ?**

jusqu'à「〜まで」を quand の前につけて jusqu'à quand とすると、「いつまで？」という意味になります。「〜曜日まで」「〜月〜日まで」は次のように言います。

▶ **Je reste jusqu'à dimanche.**（日曜日までいます）
　ジュ　レストゥ　ジュスカ　ディマンシュ

　Je reste jusqu'au 10 mai.（5月10日までいます）
　ジュ　レストゥ　ジュスコ　ディ　メ

4 **Tu travailles jusqu'à quelle heure ?**

jusqu'à quelle heure は「何時まで？」の意味です。「〜時まで」は jusqu'à 〜 heure(s) と言います。

▶ **Je travaille jusqu'à dix-sept heures.**（17時まで仕事をします）
　ジュ トゥラヴァイユ　ジュスカ　ディセッ　トゥール

置き換え練習 🔘47

| いつ〜しますか？ | 何時に〜しますか？ |

Vous finissez quand ?
ヴ　フィニセ　カン
（終える）

Vous sortez à quelle heure ?
ヴ　ソルテ　ア　ケ　ルール
（外出する）

Vous commencez quand ?
ヴ　コマンセ　カン
（始める）

Vous venez à quelle heure ?
ヴ　ヴネ　ア　ケ　ルール
（来る）

Vous rentrez quand ?
ヴ　ラントゥレ　カン
（家に戻る）

Vous prenez le train à quelle heure ?
ヴ　プルネ　ル　トゥラン　ア　ケ　ルール
（電車に乗る）

Vous téléphonez à Marie quand ?
ヴ　テレフォネ　ア　マリ　カン
（マリーに電話する）

Vous dînez à quelle heure ?
ヴ　ディネ　ア　ケ　ルール
（夕食をとる）

Vocabulaire 〈単語〉

finir ［finir］動　終える

commencer ［kɔmãse］動　始める

sortir ［sɔrtir］動　外出する

第2章 ✳ 基本フレーズ編

> **もうひとこと**

● depuis quand ?（いつから？）

▶ **Vous êtes à Paris depuis quand ?**
　ヴ　ゼットゥ　ア　パリ　ドゥピュイ　カン
（いつからパリにいるのですか？）

● à partir de quelle heure ?（何時から？）

▶ **Le magasin est ouvert à partir de quelle heure ?**
　ル　マガザン　エ　トゥヴェール　ア　パルティール　ドゥ　ケ　ルール
（お店は何時から開いていますか？）

❗ 練習問題　㊼

① あなたはいつからフランス語を勉強していますか？

② 君はその映画をいつ見るの？
　ヒント その映画：ce film、見る：vois

③ あなたは何時までピエールを待ちますか？
　ヒント 待つ：attendez、ピエール：Pierre

④ 授業は何時に始まりますか？
　ヒント 授業：le cours

解答

① Vous étudiez le français depuis quand ?
　ヴ　ゼテュディエ　ル　フランセ　ドゥピュイ　カン

② Tu vois ce film quand ?
　テュ　ヴォワ　ス　フィルム　カン

③ Vous attendez Pierre jusqu'à quelle heure ?
　ヴ　ザタンデ　ピエール　ジュスカ　ケ　ルール

④ Le cours commence à quelle heure ?
　ル　クール　コマンス　ア　ケ　ルール

Unité 23 どのように〜しますか？ 〜comment ?

commentを使って様子ややり方を尋ねる表現を身につけます。
「フランス語ではどう言いますか？」などの表現も覚えましょう。

基本フレーズ

1 **Vous venez ici comment ?**
ヴ　ヴネ　イスィ　コマン

ここにどうやって来ますか？

2 **Vous vous appelez comment ?**
ヴ　ヴ　ザプレ　コマン

お名前は何と言いますか？

3 **Comment faire ?**
コマン　フェール

どうすればいいのか？

4 **Comment on dit《neko》en français ?**
コマン　オン　ディ　ネコ　アン　フランセ

《猫》はフランス語で何と言いますか？

Vocabulaire 〈単語〉

dire [dir] 動　言う

会話のポイント

1 Vous venez ici comment ? 主語＋動詞＋comment ?

「どのように？」と方法ややり方を尋ねるとき、疑問詞commentを使います。Unité 3 **1**（p.22）のあいさつの表現Comment allez-vous ?、Unité 5 **2**（p.30）の聞き返す表現Comment ?ですでに取り上げていますね。

2 Vous vous appelez comment ?

名前を尋ねるときにもcommentを使います（Unité 9 **2**［p.47］参照）。第三者の名前を尋ねるときは次のように言います。

▶ **Il s'appelle comment, cet étudiant ?**
　イル　サペル　コマン　セ　テテュディヤン

（名前は何と言うのですか、あの学生［男性］？）

Elle s'appelle comment, cette étudiante ?
エル　サペル　コマン　セ　テテュディヤントゥ

（名前は何と言うのですか、あの学生［女性］？）

3 Comment faire ? Comment＋動詞の原形 ?

commentに動詞の原形を続けると「どう〜すればいいのか？」という意味になります。

▶ **Comment dire ?**（どう言えばいいのか？）
　コマン　ディール

Comment y aller ?（そこにどう行けばいいのか？）
コマン　イ　アレ

4 Comment on dit《neko》en français ?
Comment on dit＋日本語の単語＋en français ?

日本語の単語、表現をフランス語でどのように言うのか知りたいときに使う表現です。主語onはここでは一般的な「人々は」の意味で使われています。ditは動詞dire「言う」の活用形です。この問いの答えは次のようになります。

▶ **On dit《chat》.**（《シャ》と言います）
　オン　ディ　シャ

置き換え練習

> どのように〜しますか？

> そこへどうやって行きますか？
> **Vous y allez comment ?**
> ヴ ズィ アレ コマン
> そこへ〜で行きます

Vous payez comment ?
ヴ ペイエ コマン
（支払う）

J'y vais en train.
ジ ヴェ アン トゥラン
（電車で）

Vous voyagez comment ?
ヴ ヴォワィヤジェ コマン
（旅行をする）

J'y vais en métro.
ジ ヴェ アン メトゥロ
（地下鉄で）

Vous allez à l'école comment ?
ヴ ザレ ア レコル コマン
（学校に行く）

J'y vais en bus.
ジ ヴェ アン ビュス
（バスで）

Vous préparez ce plat comment ?
ヴ プレパレ ス プラ コマン
（この料理を作る）

J'y vais à pied.
ジ ヴェ ア ピエ
（徒歩で）

Vocabulaire〈単語〉

payer［peje］動 支払う

préparer［prepare］
動 （料理などの）支度をする

plat［pla］m （一品の）料理

> **もう ひとこと**

次のような場合にも commentを使います。

● つづりを知りたいとき

▶ **Ça s'écrit comment, votre nom ?**
サ　セクリ　　コマン　　ヴォトゥル　　ノン
（どのように書くのですか、あなたの名前？）

Richard, ça s'écrit R, I, C, H, A, R, D.
リシャール　　サ　セクリ　エール イ セ アッシュ ア エール デ
（リシャールはR、I、C、H、A、R、Dと書きます）

● 外見や印象を尋ねるとき

▶ **Il est comment, ton copain ?**
イ　レ　コマン　　　トン　　コパン
（あなたの彼、どんな人？）

Il est grand et mince. Il est très gentil.
イ　レ　グラン　エ　マンス　　イ　レ　トゥレ　ジャンティ
（背が高くて、やせていて、とっても優しいの）

練習問題　㊾

① 君、名前は何て言うの？
　ヒント 君、名前：Tu t'appelles

② 君の名前はどう書くの？
　ヒント 君の名前：ton nom

③ あなたはルイの家にどうやって行きますか？
　ヒント ルイの家：chez Louis

④《犬》はフランス語で何と言いますか？

解答

① **Tu t'appelles comment ?**　② **Ça s'écrit comment, ton nom ?**
　テュ　タペル　　コマン　　　　　　サ　セクリ　　コマン　　トン　ノン
③ **Vous allez chez Louis comment ?**　④ **Comment on dit《inu》en français ?**
　ヴ　ザレ　シェ　ルイ　　コマン　　　　　コマン　オン ディ イヌ　アン　フランセ

Unité 24 いくらですか？ C'est combien ?

「値段はいくらですか？」「時間はどれだけかかりますか？」など、数量を尋ねる表現を身につけましょう。

基本フレーズ

1 C'est combien ?
　セ　　　コンビヤン

いくらですか？

2 Ça fait combien?
　サ　フェ　　コンビヤン

いくらになりますか？

3 Vous voulez combien de pommes ?
　ヴ　ヴレ　　コンビヤン　ドゥ　ポム

リンゴが何個いりますか？

4 Il faut combien de temps pour aller de Paris à Lyon ?
　イル　フォ　コンビヤン　ドゥ　タン　プー　ラレ　ドゥ　パリ　ア　リヨン

パリからリヨンに行くのにどれだけ時間がかかりますか？

Vocabulaire 〈単語〉

combien [kɔ̃bjɛ̃]
疑問副詞　どれくらいの、いくつの

pomme [pɔm] f　リンゴ

temps [tɑ̃] m　時間、天候

aller de A à B　AからBに行く

会話のポイント

1 C'est combien ?

ひとつの商品について値段を尋ねる表現です。「いくつ？」「いくら？」の意味で疑問詞combienを使います。動詞coûter「（値段が）〜です」を使っても値段を聞くことができます。

▶ **Ça coûte combien ?**（それはいくらですか？）
　サ　クートゥ　コンビヤン

2 Ça fait combien?

買い物で「全部でいくらになりますか？」と合計の金額を尋ねる表現です。動詞faireは「（数量が）〜になる」の意味で使われています（Unité 39 **2**〔p.194〕参照）。

3 Vous voulez combien de pommes ?
主語＋動詞＋ combien de ＋名詞 ?

「いくつの〜？」「どれだけの〜？」と尋ねるときには「combien de＋名詞」を使います。この名詞に冠詞はつけません。数えられる名詞の場合は複数形になります。
combien deの後に続く名詞が母音で始まる場合はdeがd'となります。

▶ **Vous voulez combien d'oranges ?**（オレンジが何個いりますか？）
　ヴ　　ヴレ　　コンビヤン　　ドランジュ

4 Il faut combien de temps pour aller de Paris à Lyon ?
Il faut combien de temps pour ＋動詞の原形 ?

「どれだけの時間？」と聞くときにはcombien deの後にtemps「時間」を続けます。Unité 18 **3**（p.84）で見たil fautにcombien de tempsを続けると、かかる時間を尋ねる表現になります。pour〜「〜のために」を後に続けて何をするための時間かということを示します。

▶ **Il faut combien de temps pour finir ce travail ?**
　イル　フォ　コンビヤン　ドゥ　タン　プール　フィニール　ス　トゥラヴァイユ

（この仕事を終えるのに、どれだけの時間が必要ですか？）

置き換え練習 🔴51

> （何人の）～がいますか？

Vous avez combien d'enfants ?
ヴ　ザヴェ　コンビヤン　ダンファン
（子ども）

Vous avez combien de frères ?
ヴ　ザヴェ　コンビヤン　ドゥ　フレール
（兄弟）

> （どれだけの）～がありますか？

Vous avez combien de cours ?
ヴ　ザヴェ　コンビヤン　ドゥ　クール
（授業）

Vous avez combien de bagages ?
ヴ　ザヴェ　コンビヤン　ドゥ　バガージュ
（荷物）

> ～するのにどれだけの時間がかかりますか？

Il faut combien de temps pour finir ce manuel ?
イル　フォ　コンビヤン　ドゥ　タン　プール　フィニール　ス　マニュエル
（この教科書を終える）

Il faut combien de temps pour aller de Tokyo à Paris ?
イル　フォ　コンビヤン　ドゥ　タン　プール　ラレ　ドゥ　トキョ　ア　パリ
（東京からパリに行く）

Il faut combien de temps pour préparer le dîner ?
イル　フォ　コンビヤン　ドゥ　タン　プール　プレパレ　ル　ディネ
（夕食の支度をする）

Il faut combien de temps pour visiter le château?
イル　フォ　コンビヤン　ドゥ　タン　プール　ヴィズィテ　ル　シャト
（城を見物する）

Vocabulaire 〈単語〉

enfant [ɑ̃fɑ̃] Ⓜ　子ども

cours [kur] Ⓜ　授業

manuel [manɥɛl] Ⓜ　教科書

第2章 ✳ 基本フレーズ編

もうひとこと

レストランなどで次のように人数を聞かれます。

▶ **Vous êtes combien ?**（何名様ですか？）
　ヴ　ゼットゥ　コンビヤン

レストランやホテルの予約の場面で次の表現が使われます。

▶ **C'est pour combien de personnes ?**（何名様ですか？）
　セ　プール　コンビヤン　ドゥ　ペルソヌ

日付を尋ねる表現は次のように言います。

▶ **Nous sommes le combien ?**（今日は何日ですか？）
　ヌ　ソム　ル　コンビヤン

❗ 練習問題 ………………………………………… 51

① パリにはいくつ区がありますか？
　ヒント パリには：dans Paris、区：arrondissements

② いくらですか、このセーター？
　ヒント このセーター：ce pull

③ バゲットが何本いるの？（**tu** に対して）
　ヒント バゲット：baguettes

④ 猫を何匹飼っていますか？（**vous** に対して）
　ヒント 猫：chats、飼う：avez

解答

① Il y a combien d'arrondissements dans Paris ?
　イリヤ　コンビヤン　ダロンディスマン　ダン　パリ

② C'est combien, ce pull ?
　セ　コンビヤン　ス　ピュル

③ Tu veux combien de baguettes ?
　テュ　ヴ　コンビヤン　ドゥ　バゲット

④ Vous avez combien de chats ?
　ヴ　ザヴェ　コンビヤン　ドゥ　シャ

Unité 25 どうして〜ですか？ Pourquoi〜？

「なぜ／どうして〜ですか？」と理由を尋ねる場合には **pourquoi** という疑問詞で始めます。答えるときは、**parce que** で始めます。

基本フレーズ

1 **Pourquoi Colette ne vient pas ?**
プルコワ　コレットゥ　ヌ　ヴィヤン　パ

どうしてコレットは来ないの？

2 **Pourquoi est-ce que Colette ne vient pas ?**
プルコワ　エ　ス　ク　コレットゥ　ヌ　ヴィヤン　パ

どうしてコレットは来ないのですか？

3 **Parce qu'elle est malade.**
パルス　ケ　レ　マラードゥ

彼女は病気だからです。

Vocabulaire〈単語〉

pourquoi ［purkwa］
疑問副詞　なぜ、どうして、何のために

parce que ［parsk[ə]］
接続詞句　なぜなら

malade ［malad］形　病気の

会話のポイント

1 Pourquoi Colette ne vient pas ?
Pourquoi＋主語＋動詞？

　疑問詞pourquoiを文末に置いて、Colette ne vient pas pourquoi ?とは言いません。会話では、「Pourquoi＋主語＋動詞？」の疑問形をよく使います。
　Colette ne vient pas ?　Pourquoi ?（コレットは来ないの？　どうして？）とPourquoi ?を単独で使うこともよくあります。

2 Pourquoi est-ce que Colette ne vient pas ?
Pourquoi est-ce que＋主語＋動詞？

　疑問詞pourquoiの後にest-ce queを置く疑問形です。1 より丁寧な言い方です。

3 Parce qu'elle est malade.
Parce que＋主語＋動詞

　Pourquoi ?の問いにはParce queで答えます。PourquoiとParce queをセットで覚えましょう。parce queでひとつと考えます。parce単独で使われることはありません。
　Parce queはこのようにPourquoi ?の答えとして使われることが多いですが、結果と原因をひとつの文で示す場合にも原因を導く語として使われます。

▶ **Colette ne vient pas parce qu'elle est malade.**
　コレットゥ　ヌ　ヴィヤン　パ　パルス　ケ　レ　マラードゥ

（コレットは病気なので来ません）

会話では、このparce queはよく省かれます。

▶ **Colette ne vient pas, elle est malade.**
　コレットゥ　ヌ　ヴィヤン　パ　エ　レ　マラードゥ

（コレットは来ませんよ、病気で）

置き換え練習

どうして〜ですか？	〜だからです

Pourquoi vous suivez ce cours ?
（この授業をとる）

Parce que le manuel est intéressant.
（教科書が面白い）

Pourquoi vous choisissez cette voiture ?
（この車を選ぶ）

Parce que ce n'est pas cher.
（それが安い）

Pourquoi vous rentrez tout de suite ?
（すぐに帰る）

Parce que je dois être à la maison à midi.
（正午に家にいなければならない）

Pourquoi vous ne voulez pas faire ça ?
（それをしない）

Parce que ce n'est pas intéressant.
（それが面白くない）

Vocabulaire 〈単語〉

choisir [ʃwazir] 動　選ぶ

intéressant(e) [ɛ̃teresɑ̃(t)]
形　面白い、興味深い

cher [ʃɛr] 形 m ⎫
chère [ʃɛr] 形 f ⎭ 高価な

maison [mɛzɔ̃] f 家

midi [midi] m 正午　（à midi 正午に）

もうひとこと

日本語の「どうして」が理由だけでなく、目的も尋ねることができるようにPourquoi ?も目的を尋ねるときにも使えます。その場合、pour 〜（〜のためです）と答えます。

▶ **Pourquoi est-ce que vous allez en France ?**
　　プルコワ　　エ　ス　ク　ヴ　ザレ　アン　フランス
（どうしてフランスに行くのですか？）

Pour étudier le français.
　プー　　レテュディエ　ル　　フランセ
（フランス語を勉強するためです）

練習問題　🔊 53

① どうしてパリが好きなのですか？

② どうしてこの語学学校に行くのですか？
　　ヒント この語学学校：cette école de langues

③ どうして旅行代理店に行かないのですか？
　　ヒント 旅行代理店：une agence de voyages

④ どうしてこの映画を見ないのですか？
　　ヒント この映画：ce film

解答

① Pourquoi vous aimez Paris ?
　プルコワ　　ヴ　ゼメ　　パリ

② Pourquoi vous allez dans cette école de langues ?
　プルコワ　　ヴ　ザレ　ダン　セッ　テコル　ドゥ　ラング

③ Pourquoi vous n'allez pas dans une agence de voyages ?
　プルコワ　　ヴ　ナレ　　パ　ダン　ズュ　ナジャンス　ドゥ　ヴォワィヤージュ

④ Pourquoi vous ne voyez pas ce film ?
　プルコワ　　ヴ　ヌ　ヴォワィエ　パ　ス　フィルム

便利な表現 ②
Que / Quiを使った表現

○ Unité 19 **1** **3** (p.88) で、Qu'est-ce que c'est ?（何ですか？）、C'est qui ?（誰ですか？）の表現を取り上げました。Qu'est-ce que 〜 ?は「何を〜しますか？」、〜 qui ?は「誰を〜しますか？」と尋ねるときにも使います。

▶ **Qu'est-ce que vous allez faire ?**
ケ ス ク ヴ ザレ フェール
これから何をしますか？

▶ **Qu'est-ce que vous cherchez ?**
ケ ス ク ヴ シェルシェ
何を探しているのですか？

▶ **Qu'est-ce que vous prenez ?**
ケ ス ク ヴ プルネ
何を注文しますか？

▶ **Qu'est-ce que vous faites dans la vie ?**
ケ ス ク ヴ フェットゥ ダン ラ ヴィ
仕事は何をしていますか？

▶ **Vous cherchez qui ?**
ヴ シェルシェ キ
誰を探しているのですか？

▶ **Vous attendez qui ?**
ヴ ザタンデ キ
誰を待っているのですか？

▶ **Vous voyez qui ?**
ヴ ヴォワイエ キ
誰に会うのですか？

○「何が〜しますか？」「誰が〜しますか？」は次のように言います。

▶ **Qu'est-ce qui ne va pas ?**
ケ ス キ ヌ ヴァ パ
何が上手くいかないのですか？

▶ **Qui est-ce qui prépare le cadeau ?**
キ エ ス キ プレパール ル カド
誰がプレゼントを用意しますか？

第3章

単語編

16のテーマでまとめた単語集です。シーン編の場面と結びつけて覚えるといいですね。テーマごとにまとめた単語の引き出しを充実させて会話に備えましょう。

1 》ホテル ⓜ hôtel
オテル

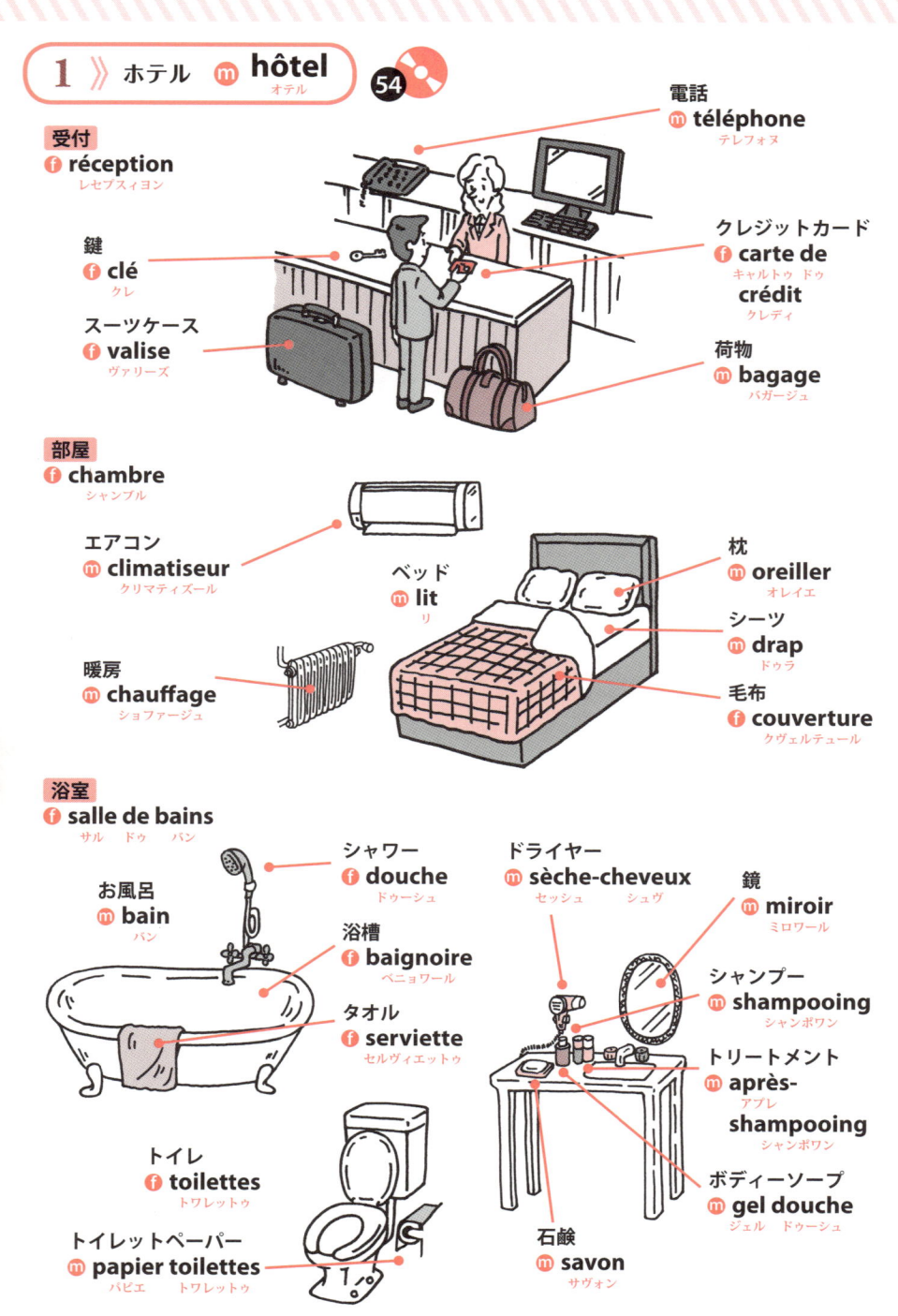

🔴54

受付
ⓕ réception
レセプスィヨン

電話
ⓜ téléphone
テレフォヌ

鍵
ⓕ clé
クレ

クレジットカード
ⓕ carte de crédit
キャルトゥ ドゥ クレディ

スーツケース
ⓕ valise
ヴァリーズ

荷物
ⓜ bagage
バガージュ

部屋
ⓕ chambre
シャンブル

エアコン
ⓜ climatiseur
クリマティズール

ベッド
ⓜ lit
リ

枕
ⓜ oreiller
オレイエ

シーツ
ⓜ drap
ドゥラ

暖房
ⓜ chauffage
ショファージュ

毛布
ⓕ couverture
クヴェルテュール

浴室
ⓕ salle de bains
サル ドゥ バン

シャワー
ⓕ douche
ドゥーシュ

ドライヤー
ⓜ sèche-cheveux
セッシュ シュヴ

鏡
ⓜ miroir
ミロワール

お風呂
ⓜ bain
バン

浴槽
ⓕ baignoire
ベニョワール

シャンプー
ⓜ shampooing
シャンポワン

タオル
ⓕ serviette
セルヴィエットゥ

トリートメント
ⓜ après-shampooing
アプレ シャンポワン

トイレ
ⓕ toilettes
トワレットゥ

ボディーソープ
ⓜ gel douche
ジェル ドゥーシュ

石鹸
ⓜ savon
サヴォン

トイレットペーパー
ⓜ papier toilettes
パピエ トワレットゥ

2 》街 **ville** (f)
ヴィル

美術館
musée (m)
ミュゼ

教会
église (f)
エグリーズ

レストラン
restaurant (m)
レストラン

スーパーマーケット
supermarché (m)
シュペルマルシェ

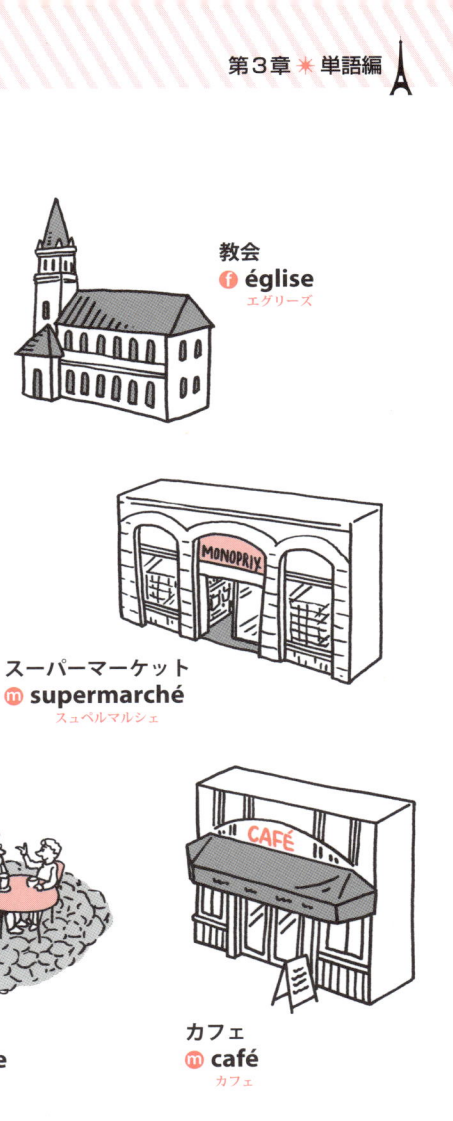

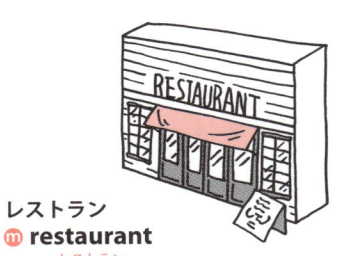

パン屋
boulangerie (f)
ブーランジュリ

広場
place (f)
プラス

カフェ
café (m)
カフェ

銀行
banque (f)
バンク

郵便局
poste (f)
ポストゥ

デパート
grand magasin (m)
グラン　マガザン

薬局
pharmacie (f)
ファルマスィ

119

3 交通手段 ⓜ **moyens de transport** 〔56〕
モワイヤン　ドゥ　トゥランスポール

空港
ⓜ **aéroport**
アエロポール

飛行機
ⓜ **avion**
アヴィヨン

電車
ⓜ **train**
トゥラン

駅
ⓕ **gare**
ギャール

路面電車
ⓜ **tramway**
トゥラムウェ

車
ⓕ **voiture**
ヴォワテュール

自転車
ⓜ **vélo**
ヴェロ

タクシー
ⓜ **taxi**
タクスィ

地下鉄
ⓜ **métro**
メトゥロ

歩いて
à pied
ア　ピエ

バス
ⓜ **bus**
ビュス

120

第3章 ✳ 単語編

4 ≫ 洋服　m **vêtements**
ヴェトゥマン
🔘 57

- Tシャツ　m **tee-shirt**　ティ シェルトゥ
- ブラウス　m **chemisier**　シュミズィエ 
- ワイシャツ　f **chemise**　シュミーズ 
- セーター　m **pull**　ピュル 
- ジーンズ　m **jean**　ジーン 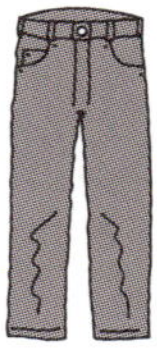
- ジャケット　f **veste**　ヴェストゥ 
- ベスト　m **gilet**　ジレ 
- カーディガン　m **cardigan**　カルディガン 
- パンツ　m **pantalon**　パンタロン 
- スカート　f **jupe**　ジュップ 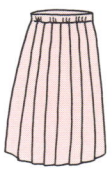
- ワンピース　f **robe**　ロブ 
- コート　m **manteau**　マント 

5 ≫ 靴　f **chaussures**
ショシュール
🔘 58

- サンダル　f **sandales**　サンダル 
- ブーツ　f **bottes**　ボットゥ 
- 運動靴　f **baskets**　バスケットゥ  
- ハイヒール　f **chaussures à talons hauts**　ショシュール ア タロン オ 
- ローヒール　f **chaussures à talons plats**　ショシュール ア タロン プラ

121

6 小物 m **accessoires**
アクセソワール

スカーフ
m **foulard**
フラール

マフラー
f **écharpe**
エシャルプ

ネクタイ
f **cravate**
クラヴァットゥ

帽子
m **chapeau**
シャポ

ハンカチ
m **mouchoir**
ムショワール

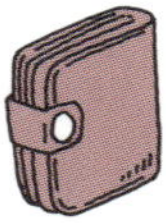

財布
m **portefeuille**
ポルトゥフウィユ

メガネ
f **lunettes**
リュネットゥ

サングラス
f **lunettes de soleil**
リュネットゥ ドゥ ソレイユ

腕時計
f **montre**
モントゥル

傘
m **parapluie**
パラプリュイ

手袋
m **gants**
ガン

ベルト
f **ceinture**
サンテュール

ネックレス
m **collier**
コリエ

ペンダント
m **pendentif**
パンダンティフ

ブローチ
f **broche**
ブロシュ

ブレスレット
m **bracelet**
ブラスレ

イヤリング
f **boucles d'oreilles**
ブクル ドレイユ

ピアス
f **boucles pour oreilles percées**
ブクル プール オレイユ ペルセ

指輪
f **bague**
バーグ

ハンドバック
m **sac à main**
サカ マン

ショルダーバッグ
m **sac à bandoulière**
サカ バンドゥリエール

リュックサック
m **sac à dos**
サカ ド**

122

7 » 料理／飲み物 　m plats et　f boissons
プラ　エ　ボワソン

前菜
m hors d'œuvre
オール　ドゥーヴル

肉料理
m plats de viande
プラ　ドゥ　ヴィヤンドゥ

魚料理
m plats de poisson
プラ　ドゥ　ポワソン

香草入りオムレツ
f omelette aux fines herbes
オムレットゥ　オ　フィヌ　ゼルブ

子牛のブランケット
f blanquette de veau
ブランケットゥ　ドゥ　ヴォ

舌平目のムニエル
f sole meunière
ソル　ムニエール

オニオンスープ
f soupe à l'oignon
スープ　ア　ロニョン

鴨のオレンジ煮
m canard à l'orange
カナール　ア　ロランジュ

鯛のポワレ
f daurade poêlée
ドラドゥ　ポワレ

デザート
m desserts
デセール

レモンタルト
f tarte au citron
タルトゥ　オ　スィトゥロン

チョコレートムース
f mousse au chocolat
ム　ソ　ショコラ

イチゴのクーリ
m coulis de fraises
クリ　ドゥ　フレーズ

飲み物
f boissons
ボワソン

コーヒー
m café
カフェ

カフェオレ
m café au lait
カフェ　オ　レ

オレンジジュース
m jus d'orange
ジュ　ドランジュ

シャンパン
m champagne
シャンパーニュ

ビール
f bière
ビエール

ココア
m chocolat chaud
ショコラ　ショ

コーラ
m coca
コカ

紅茶（ミルク／レモン）
m thé(au lait / au citron)
テ　オ　レ　オ　スィトゥロン

ワイン（赤／ロゼ／白）
m vin(rouge / rosé / blanc)
ヴァン　ルージュ　ロゼ　ブラン

8 ≫ 食品 m **aliments** アリマン 61

パン
m **pains** パン

クロワッサン
m **croissant** クロワサン

パン・オ・レザン
m **pain aux raisins** パン オ レザン

ブリオッシュ
f **brioche** ブリオッシュ

フランスパン
f **baguette** バゲットゥ

パン・オ・ショコラ
m **pain au chocolat** パン オ ショコラ

肉
f **viandes** ヴィヤンドゥ

子牛肉
m **veau** ヴォ

豚肉
m **porc** ポール

子羊肉
m **agneau** アニョ

牛肉
m **bœuf** ブゥフ

鶏肉
m **poulet** プレ

羊肉
m **mouton** ムトン

ウサギ肉
m **lapin** ラパン

カモ肉
m **canard** カナール

ソーセージ
f **saucisse** ソスィース

ハム
m **jambon** ジャンボン

フォワグラ
m **foie gras** フォワ グラ

パテ
m **pâté** パテ

魚
m **poissons** ポワソン

シタビラメ
f **sole** ソル

タイ
f **daurade** ドラドゥ

マグロ
m **thon** トン

スズキ
m **bar** バール

チーズ
m **fromages** フロマージュ

カマンベール
m **camembert** カマンベール

コンテ
m **comté** コンテ

ロックフォール
m **roquefort** ロクフォール

ブリ
f **brie** ブリ

野菜
m **légumes** レギューム

にんじん
f **carotte** カロットゥ

トマト
f **tomate** トマトゥ

きゅうり
m **concombre** コンコンブル

ピーマン
m **poivron** ポワヴロン

なす
f **aubergine** オベルジーヌ

じゃがいも
f **pomme de terre** ポム ドゥ テール

玉ねぎ
m **oignon** オニョン

果物
m **fruits** フリュイ

ぶどう
m **raisins** レザン

りんご
f **pomme** ポム

バナナ
f **banane** バナーヌ

いちご
f **fraise** フレーズ

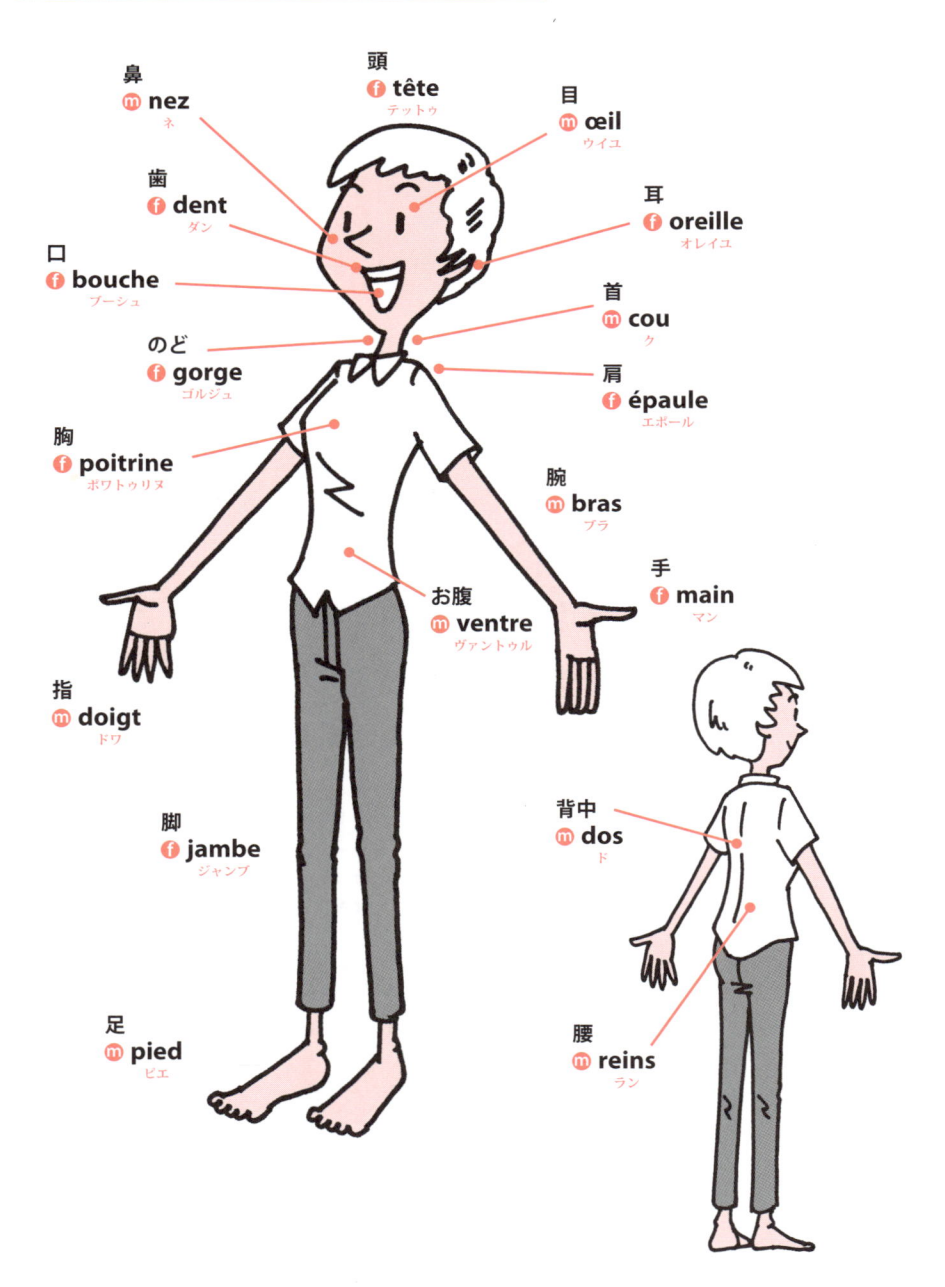

9 》身体の部分 **f** parties du corps
パルティ　デュ　コール

🔘 62

第3章 ✲ 単語編

鼻 **m** nez ネ

頭 **f** tête テットゥ

目 **m** œil ウイユ

歯 **f** dent ダン

口 **f** bouche ブーシュ

耳 **f** oreille オレイユ

のど **f** gorge ゴルジュ

首 **m** cou ク

肩 **f** épaule エポール

胸 **f** poitrine ポワトゥリヌ

腕 **m** bras ブラ

手 **f** main マン

お腹 **m** ventre ヴァントゥル

指 **m** doigt ドワ

脚 **f** jambe ジャンプ

背中 **m** dos ド

足 **m** pied ピエ

腰 **m** reins ラン

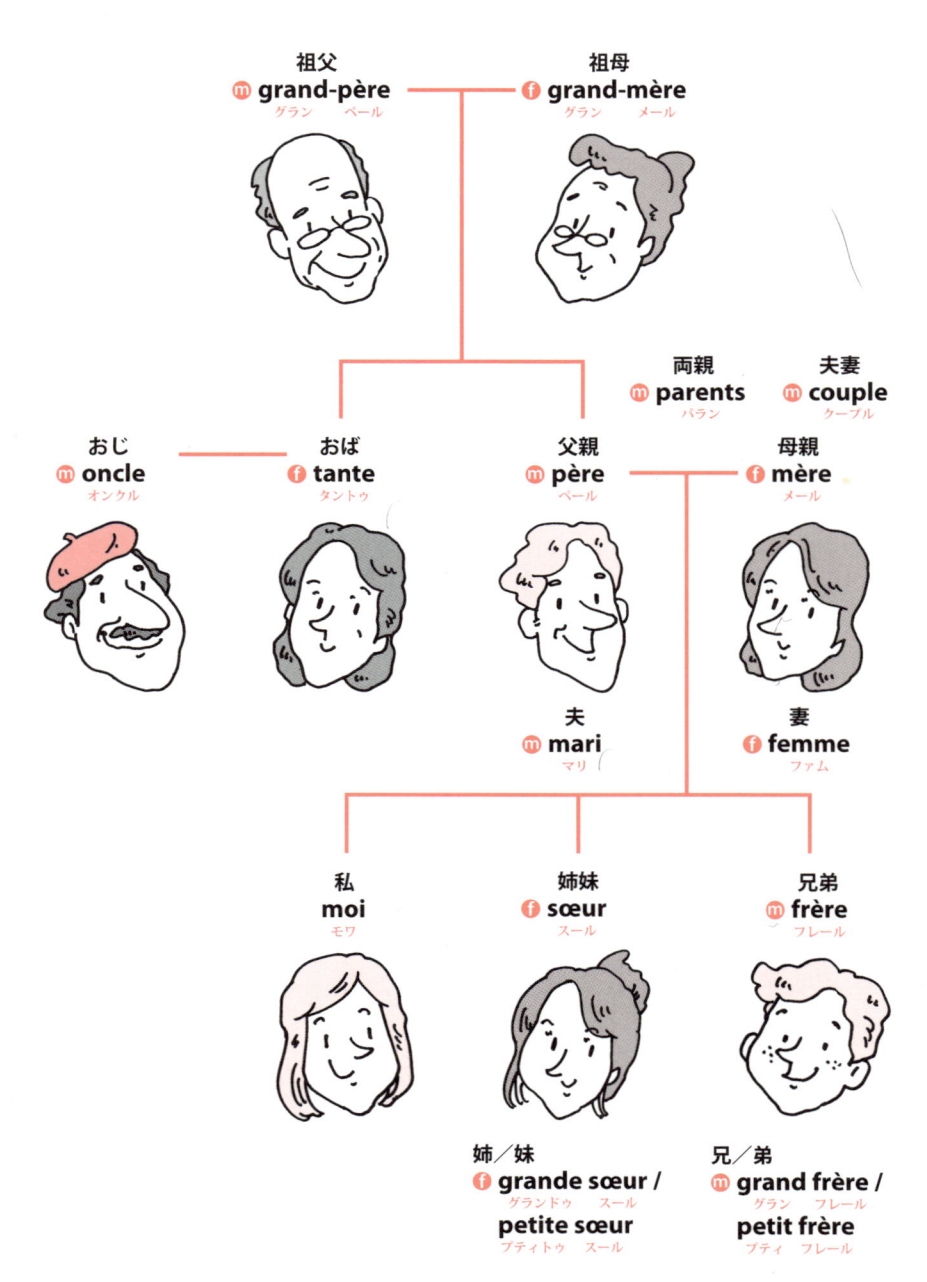

10 》家族　f famille
ファミーユ

祖父 m grand-père (グラン ペール)
祖母 f grand-mère (グラン メール)

両親 m parents (パラン)
夫妻 m couple (クープル)

おじ m oncle (オンクル)
おば f tante (タントゥ)
父親 m père (ペール)
母親 f mère (メール)

夫 m mari (マリ)
妻 f femme (ファム)

私 moi (モワ)
姉妹 f sœur (スール)
兄弟 m frère (フレール)

姉／妹 f grande sœur / petite sœur (グランドゥ スール / プティトゥ スール)
兄／弟 m grand frère / petit frère (グラン フレール / プティ フレール)

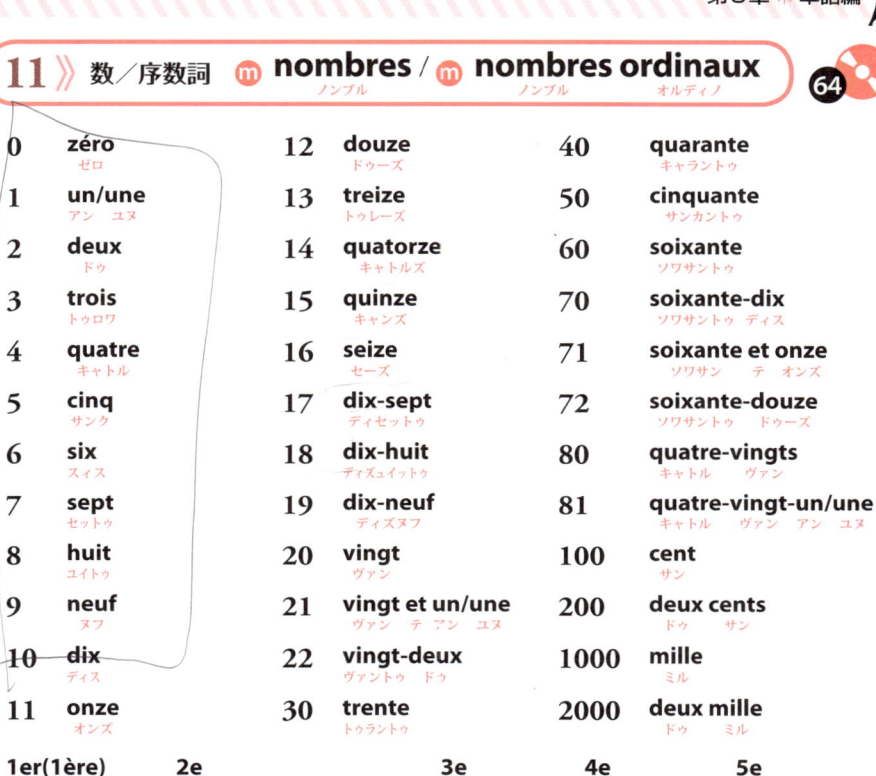

11 》 数／序数詞 ⓜ nombres / ⓜ nombres ordinaux　64

0	zéro ゼロ	12	douze ドゥーズ	40	quarante キャラントゥ		
1	un/une アン ユヌ	13	treize トゥレーズ	50	cinquante サンカントゥ		
2	deux ドゥ	14	quatorze キャトルズ	60	soixante ソワサントゥ		
3	trois トゥロワ	15	quinze キャンズ	70	soixante-dix ソワサントゥ ディス		
4	quatre キャトル	16	seize セーズ	71	soixante et onze ソワサン テ オンズ		
5	cinq サンク	17	dix-sept ディセットゥ	72	soixante-douze ソワサントゥ ドゥーズ		
6	six スィス	18	dix-huit ディズュイットゥ	80	quatre-vingts キャトル ヴァン		
7	sept セットゥ	19	dix-neuf ディズヌフ	81	quatre-vingt-un/une キャトル ヴァン アン ユヌ		
8	huit ユイトゥ	20	vingt ヴァン	100	cent サン		
9	neuf ヌフ	21	vingt et un/une ヴァン テ アン ユヌ	200	deux cents ドゥ サン		
10	dix ディス	22	vingt-deux ヴァントゥ ドゥ	1000	mille ミル		
11	onze オンズ	30	trente トゥラントゥ	2000	deux mille ドゥ ミル		

1er(1ère) premier(ère) プルミエ(エール)	2e deuxième / second(e) ドゥズィエム スゴン(ドゥ)	3e troisième トゥロワズィエム	4e quatrième キャトリエム	5e cinquième サンキエム
6e sixième スィズィエム	7e septième セティエム	8e huitième ユイティエム	9e neuvième ヌヴィエム	10e dixième ディズィエム

12 》 月／曜日　ⓜ mois / ⓜ jours de la semaine　65

1月	ⓜ janvier ジャンヴィエ	7月	ⓜ juillet ジュイエ	月曜日	ⓜ lundi ランディ
2月	ⓜ février フェヴリエ	8月	ⓜ août ウットゥ	火曜日	ⓜ mardi マルディ
3月	ⓜ mars マルス	9月	ⓜ septembre セプターンブル	水曜日	ⓜ mercredi メルクルディ
4月	ⓜ avril アヴリル	10月	ⓜ octobre オクトーブル	木曜日	ⓜ jeudi ジュディ
5月	ⓜ mai メ	11月	ⓜ novembre ノヴァーンブル	金曜日	ⓜ vendredi ヴァンドゥルディ
6月	ⓜ juin ジュアン	12月	ⓜ décembre デサーンブル	土曜日	ⓜ samedi サムディ
				日曜日	ⓜ dimanche ディマーンシュ

13 》 時刻 🅕 heure
ウール

12時 douze heures
ドゥー ズール

11時 onze heures
オン ズール

1時 une heure
ユ ヌール

10時 dix heures
ディ ズール

2時 deux heures
ドゥ ズール

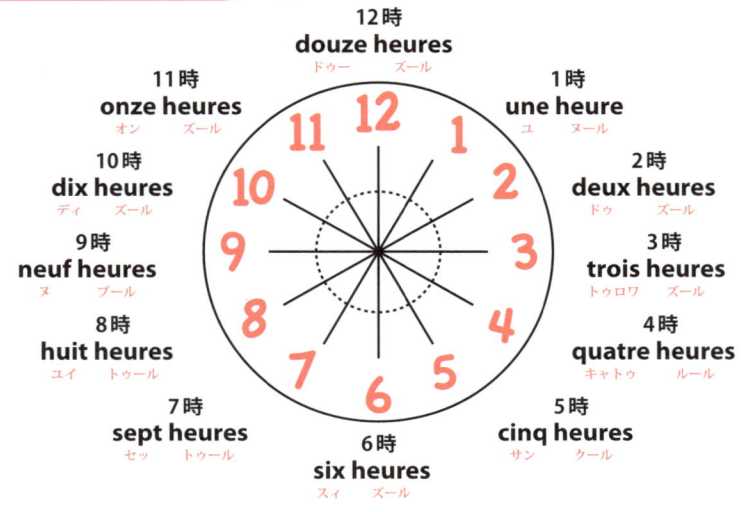

9時 neuf heures
ヌ ブール

3時 trois heures
トゥロワ ズール

8時 huit heures
ユイ トゥール

4時 quatre heures
キャトゥ ルール

7時 sept heures
セッ トゥール

5時 cinq heures
サン クール

6時 six heures
スィ ズール

● 時刻の表現は、「Il est + ～ heure(s)」で示します。「～時…分」は「～ heure(s) …」と示します（Unité 37 ③ [p.191] 参照）。

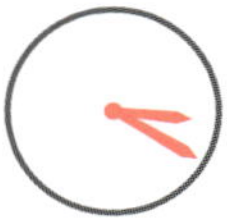

3時20分
Il est trois heures vingt
イ レ トゥロワ ズール ヴァン

● 30分以降は、moins ～「次の時刻の～分前」という言い方をします。

10時40分（11時20分前）
Il est onze heures moins vingt
イ レ オン ズール モワン ヴァン

● 12時は2つの表現の仕方があります。

正午
Il est midi.
イ レ ミディ

午前0時
Il est minuit.
イ レ ミニュイ

● 12時間制ではふつう、15分は et quart、30分は et demie、45分は moins le quart と言います。

1時15分
Il est une heure et quart.
イ レ ユ ヌール エ カール

1時30分
Il est une heure et demie.
イ レ ユ ヌール エ ドゥミ

1時45分
Il est deux heures moins le quart.
イ レ ドゥ ズール モワン ル カール

13時15分
Il est treize heures quinze.
イ レ トゥレー ズール キャンズ

13時30分
Il est treize heures trente.
イ レ トゥレー ズール トゥラントゥ

13時45分
Il est treize heures quarante-cinq.
イ レ トゥレー ズール キャラントゥサンク

● 24時間制では、特別な言い方はしません。分を示す数字をそのまま使います。15分は quinze、30分は trente、45分は quarante-cinq です。

14 》季節 ⓕ saisons
セゾン

春
ⓜ printemps
プランタン

夏
ⓜ été
エテ

秋
ⓜ automne
オトンヌ

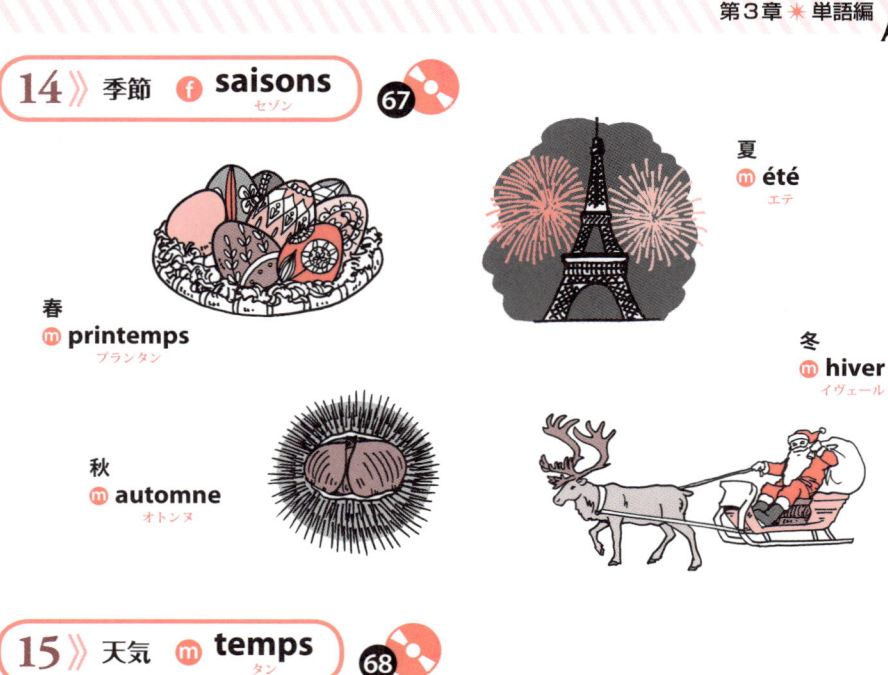

冬
ⓜ hiver
イヴェール

15 》天気 ⓜ temps
タン

天気がいい。
Il fait beau.
イル フェ　ボ

天気が悪い。
Il fait mauvais.
イル フェ　モヴェ

雨が降っている。
Il pleut.
イル プル

雪が降っている。
Il neige.
イル ネージュ

日射しがある。
Il y a du soleil.
イ リ ヤ デュ ソレイユ

風がある。
Il y a du vent.
イ リ ヤ デュ ヴァン

16 » よく使う形容詞　adjectifs courants
アドゥジェクティフ　クラン

暑い
chaud
ショ
chaude
ショードゥ

寒い
froid(e)
フロワ(ドゥ)

短い
court
クール
courte
クルトゥ

長い
long(ue)
ロン(グ)

大きい
grand(e)
グラン (ドゥ)

小さい
petit(e)
プティ(ットゥ)

重い
lourd
ルール
lourde
ルルドゥ

軽い
léger
レジェ
légère
レジェール

高い
cher
シェール
chère
シェール

安い
pas cher
パ　シェール
pas chère
パ　シェール

厚い
épais(se)
エペ(ス)

薄い
mince
マンス

第4章

シーン編

機内での会話から始まる旅のシーン、買い物、友人とのおしゃべりなどの生活シーンでよく使われる基本表現を盛り込んだ、とっておき会話です。各シーンの雰囲気を思い浮かべながら、会話を楽しみましょう。

Unité 26 機内にて

Du vin rouge, s'il vous plaît.
赤ワインをお願いします。

　客室乗務員と交わす会話で依頼の表現を使って欲しいものを言ったり頼んだりします。s'il vous plaîtをつけ加えるのを忘れないようにしましょう。

とっておき会話

A : Qu'est-ce que vous prenez comme boisson ?
ケ　ス　ク　ヴ　プルネ　コム　ボワソン

お飲物は何にしますか？

B : Du vin rouge, s'il vous plaît.
デュ　ヴァン　ルージュ　スィル　ヴ　プレ

赤ワインをお願いします。

A : Madame, prenez-vous du poisson ou de la viande ?
マダム　プルネ　ヴ　デュ　ポワソン　ウ　ドゥ　ラ　ヴィヤンドゥ

お魚にしますか、お肉にしますか？

B : De la viande, s'il vous plaît.
ドゥ　ラ　ヴィヤンドゥ　スィル　ヴ　プレ

お肉をお願いします。

Vocabulaire 〈単語〉

rouge [ruʒ] 形　赤い

boisson [bwasɔ̃] f　飲み物

poisson [pwasɔ̃] m　魚

viande [vjɑ̃d] f　肉

autre [otr] 形　他の、（もう一つ）別の

couverture [kuvɛrtyr] f　毛布

voilà [vwala]
提示詞　ほら、ここに／そこに〜がある

第4章 ✳ シーン編

とっておき会話

A : Je peux avoir une autre couverture ?
ジュ　プ　アヴォワール　ユ　ノートゥル　クヴェルテュール

毛布をもう一枚いただけますか？

B : Oui, tout de suite. Voilà.
ウィ　トゥ　ドゥ スュイットゥ　ヴォワラ

はい、すぐに。どうぞ。

フランス アラカルト

　隣の人に席を立ってもらうとき、Excusez-moi.（すみません）とひとこと添えてからJe voudrais passer.（通していただけますか［通りたいのですが］）と言いましょう。通してもらったら、Merci.（ありがとう）を忘れないでください。

　後ろの座席の人への配慮も忘れないようにしましょう。Pardon, Madame (Monsieur), je peux incliner mon siège ?（席を倒してもいいですか？）と断ってから、座席の背もたれを倒しましょう。

Unité 27 空港にて

C'est pour visiter.
観光のためです。

入国審査では滞在目的を C'est pour 〜 . を使って言いましょう。荷物受け取りでスーツケースが出てこなかった場合に使う表現も取り上げます。

とっておき会話 🎵 71

A : Quel est le but de votre séjour ?
ケ　レ　ル ビュットゥドゥ　ヴォトゥル　セジュール

滞在の目的は何ですか？

B : C'est pour visiter.
セ　プール　ヴィズィテ

観光のためです。

A : Vous restez combien de temps ?
ヴ　レステ　コンビヤン　ドゥ　タン

滞在はどれくらいですか？

B : Dix jours.
ディ　ジュール

10日です。

Vocabulaire 〈単語〉

but [by(t)] m 目的
séjour [seʒur] m 滞在
jour [ʒur] m 日、1日、昼
retrouver [r(ə)truve] 動 見つけ出す、再会する

comptoir [kɔ̃twar] m カウンター
service [sɛrvis] m サービス、業務
recevoir [r(ə)səvwar] 動 受け取る
livrer [livre] 動 届ける

第4章 ✻ シーン編

> **とっておき会話**

A : Je ne retrouve pas ma valise.
ジュ ヌ ルトゥルヴ パ マ ヴァリーズ

スーツケースが見つからないのですが。

B : Vous allez au comptoir "service bagages".
ヴ ザレ オ コントワール セルヴィス バガージュ

"荷物サービス" のカウンターに行ってください。

A : Où vous voulez recevoir votre valise ?
ウ ヴ ヴレ ルスヴォワール ヴォトゥル ヴァリーズ

スーツケースはどこで受け取りたいですか？

B : Vous pouvez faire livrer ma valise à mon hôtel, s'il vous plaît ?
ヴ プヴェ フェール リヴレ マ ヴァリーズ ア モン ノテル スィル ヴ プレ

ホテルに届けてもらえますか？

> **フランス アラカルト**
>
> 入国審査はパスポートチェックのみの場合が多いですが、旅行の目的を尋ねられたら、次のようにはっきり答えましょう。C'est pour mon travail / pour mes études.（仕事のため／勉強のために来ました）。
> セ プール モン トラヴァイユ プール メ ゼテュドゥ
> Quelle est votre adresse en France ?（フランスでの滞在先はどこですか？）と尋ねられることもあります。Je vais être dans un hôtel / chez un(e) ami(e).（ホテル／友人宅です）などと、答えましょう。
> ケ レ ヴォトゥル アドゥレス アン フランス
> ジュ ヴェ エートゥル ダン ザン ノテル シェ ザン(ジュ) ナミ

135

Unité 28 乗り物に乗る

Pour aller à Concorde, c'est quelle ligne ?
コンコルドに行くのは何号線ですか？

❶ メトロに乗る

s'il vous plaît を使って回数券やパスを買いましょう。どの線に乗ったらいいのか、または乗り換えについて尋ねる表現も覚えましょう。

とっておき会話

A : Un passe NAVIGO découverte, s'il vous plaît.
アン　パス　ナヴィゴ　デクヴェルトゥ　スィル　ヴ　プレ

パス・ナヴィゴ・デクヴェルトをください。

B : Pour une semaine ?
プー　リュヌ　スメーヌ

1週間定期ですか？

A : Oui. C'est pour Paris.
ウィ　セ　プール　パリ

はい。パリ市内用です。

B : 19 euros 15, et 5 euros pour la carte.
ディズヌ　フーロ　キャンズ　エ　サン　クーロ　プール　ラ　キャルトゥ

19ユーロ15セントとカード代5ユーロです。

Vocabulaire 〈単語〉

passe NAVIGO découverte ⓜ　イル・ド・フランス地方の公共交通機関共通のICカードの一種

semaine [s(ə)mɛn] Ⓕ　週

euro [øro] ⓜ　ユーロ

ligne [liɲ] Ⓕ　路線

direction [dirɛksjɔ̃] Ⓕ　方向

changer [ʃɑ̃ʒe] 動　乗り換える

第4章 ✳ シーン編

とっておき会話

A： Pour aller à Concorde, c'est quelle ligne ?
　　プー　ラレ　ア　コンコルドゥ　セ　ケル　リーニュ

コンコルドに行くのは何号線ですか？

B： Prenez la ligne un en direction de La Défense.
　　プルネ　ラ　リーニュ　アン　アン　ディレクスィヨン　ドゥ　ラ　デファンス

1号線のデファンス方面です。

A： Il faut changer de ligne ?
　　イル　フォ　シャンジェ　ドゥ　リーニュ

乗り換えなければなりませんか？

B： Oui, à Châtelet.
　　ウィ　ア　シャトゥレ

ええ、シャトレで。

フランスアラカルト

　パリでの移動は地下鉄が便利です。14の路線があり、パリ中をメトロで移動できますが、路線網が少し複雑なので、駅で路線図をもらって利用するといいでしょう。Je peux avoir un plan de métro ?（地下鉄路線図をもらえますか？）と頼んでみましょう。
　ジュ　プ　アヴォワール　アン　プラン　ドゥ　メトロ

　Où est la station la plus proche ?（最寄りの地下鉄の駅はどこですか？）
　ウ　エ　ラ　スタスィヨン　ラ　プリュ　プロシュ
も覚えておきたい表現ですね。

　また、混んでいる電車から降りるときは、Pardon, je descends.（降ります）
　　　　　　　　　　　　　　　　　　　　　パルドン　ジュ　デサン
と声をかけて自分が降りることを周りの人に伝えましょう。

❷ 電車に乗る

Je voudrais 〜 . の表現を使って、TGVの席を予約しましょう。「何番線ですか？」と尋ねる表現も覚えましょう。

とっておき会話

A : Je voudrais réserver une place dans le TGV de neuf heures pour Lyon.
ジュ ヴドゥレ レゼルヴェ ユヌ プラス ダン ル テジェヴェ ドゥ ヌ ヴール プール リヨン

9時発のTGVでリヨンまで、予約したいのですが。

B : C'est complet.
セ コンプレ

満席です。

A : Il y a des places dans le train suivant ?
イ リ ヤ デ プラス ダン ル トゥラン スュイヴァン

次の電車に席はありますか？

B : Oui, dans le train de dix heures.
ウィ ダン ル トゥラン ドゥ ディ ズール

はい、10時発の電車に。

Vocabulaire 〈単語〉

réserver [rezɛrve] 動 予約をする
place [plas] f 席
complet [kɔ̃plɛ] 形 m ⎫
complète [kɔ̃plɛt] 形 f ⎬ 満員の
suivant(e) [sɥivɑ̃(t)] 形 次の
voie [vwa] f 線路

regarder [r(ə)garde] 動 （注意して）見る
tableau [tablo] m 掲示板
là-bas [la-bɑ] 副 向こうに
affiché(e) [afiʃe] 形 掲示された
tôt [to] 副 早く

とっておき会話

A : Le TGV pour Lyon part de quelle voie ?

リヨン行きのTGVは何番線から出ますか？

B : Allez regarder le tableau, là-bas.

あちらの掲示板を見に行ってください。

A : Mais ce n'est pas affiché.

掲示されていません。

B : Ah, c'est trop tôt.

早すぎるからですよ。

フランスアラカルト

　パリから地方へ。フランスの広い大地を走る電車から車窓の景色を楽しみましょう。TGVや長距離電車に乗るときに改札はありません。自分でcomposteur（刻印機）に切符を通します。日本と違って切符を入れないと通れない改札機はないので注意してください。刻印機でcomposter（印字）するのを忘れていると、Votre billet, s'il vous plaît.（切符を拝見します）と車内で検札が来たとき、罰金を払うことになりかねません。くれぐれも忘れないようにしたいですね。

　予約した席に人が座っている場合があります。Ici, c'est ma place, je crois.（ここは私の席だと思いますが）と相手に伝えましょう。

❸ バスに乗る

Est-ce que ce bus va à 〜 ?（このバスは〜へ行きますか？）と言って行き先を確認しましょう。バス路線番号を尋ねる表現も覚えましょう。

とっておき会話　　🎧 74

A : Est-ce que ce bus va à la gare de Lyon ?
エ ス ク ス ビュス ヴァ ア ラ ギャール ドゥ リヨン

このバスはリヨン駅に行きますか？

B : Non, c'est de l'autre côté.
ノン セ ドゥ ロトゥル コテ

いえ、反対側ですよ。

A : Quelle est la ligne pour aller à la place de la Bastille ?
ケ レ ラ リーニュ プー ラレ ア ラ プラス ドゥ ラ バスティーユ

バスティーユ広場に行くバスはどの路線ですか？

B : C'est le numéro 86.
セ ル ニュメロ キャトル ヴァン スィス

86番です。

フランスアラカルト

景色を楽しめるバスも交通機関として活用したいものです。パリの場合、地下鉄と共通の切符です。バスのみを乗り継いでいく場合、1時間30分以内なら、同じ路線を戻るのでない限り、何度でも乗り換えができます（バスの中で買う切符は乗り換え不可）。降りるときはボタンを押して知らせます。バス前方に arrêt demandé（止まります）と表示が出ます。
アレ ドゥマンデ

Vocabulaire 〈単語〉

gare [gar] Ⓕ （鉄道の）駅
côté [kote] Ⓜ 側

gare du Nord Ⓕ （パリの）北駅

❹ タクシーに乗る

行き先を告げるときには、行き先の後に s'il vous plaît を添えましょう。料金は Ça fait combien ?「いくらになりますか？」と聞きます。
　　　　　　　　　　　　　　サ　フェ　コンビヤン

とっておき会話 🎧75

A : Vous voulez aller où ?
　　　 ヴ　　ヴレ　　　アレ　　ウ

どちらまで行きますか？

B : Gare du Nord, s'il vous plaît.
　　　 ギャール　デュ　ノール　スィル　ヴ　　プレ

北駅までお願いします。

A : Voilà, on y est.
　　　 ヴォワラ　オン　ニ　エ

さあ、着きましたよ。

B : Merci. Ça fait combien ?
　　　 メルスィ　　サ　フェ　　コンビヤン

ありがとうございます。いくらになりますか？

A : 23 euros 50.
　　　 ヴァントゥトゥロワ　ズーロ　サンカントゥ

23ユーロ50セントです。

フランス アラカルト

タクシーのチップの相場は料金の15%となっています。ただ、フランス人でも渡さない人がいるので、必ずしもチップを渡さなければならない、というわけではありません。わずかのおつりをチップのつもりで Gardez la monnaie.（おつりはいりません［小銭はとっておいてください］）と言った場合、料金の15%に満たなければ、かえって失礼になるので気をつけましょう。
　　　　　　　　　　　　　　　　　　　　　　　　　　　　　　　　ギャルデ　ラ　モネ

Unité 29 ホテル

C'est combien, la nuit ?
一泊いくらですか？

❶ 予約をする

　予約では、シングル、ツインなど部屋のタイプ、宿泊日、宿泊日数を伝えましょう。C'est combien, la nuit ?（一泊いくらですか？）と料金の確認も大事です。

とっておき会話

A : **Je voudrais réserver une chambre simple.**
ジュ　ヴドゥレ　レゼルヴェ　ユヌ　シャンブル　サンプル

シングルの部屋を予約したいのですが。

B : **Vous voulez réserver pour quelles dates ?**
ヴ　ヴレ　レゼルヴェ　プール　ケル　ダットゥ

いつのご予約でしょうか？

A : **Pour cinq nuits à partir du 3 septembre.**
プール　サンク　ニュイ　ア　パルティール　デュトゥロワ　セプタンブル

9月3日から5泊です。

B : **Oui, vous êtes Madame … ?**
ウィ　ヴ　ゼットゥ　マダム

はい、どちら様でしょうか・・・？

A : **Madame Emi Takano.**
マダム　エミ　タカノ

高野えみです。

Vocabulaire 〈単語〉

date [dat] **f** 日付、月日	septembre [sɛptɑ̄br] **m** 9月
nuit [nɥi] **f** 夜	douche [duʃ] **f** シャワー
à partir de 〜　〜から	salle de bains **f** 浴室

とっておき会話

A : Vous préférez une chambre avec douche ou avec salle de bains ?
ヴ　プレフェレ　ユヌ　シャンブル　アヴェック　ドゥーシュ　ウ
アヴェック　サル　ドゥ　バン

シャワーつきかバスつきの部屋のどちらがよろしいですか？

B : Avec salle de bains, s'il vous plaît.
アヴェック　サル　ドゥ　バン　スィル　ヴ　プレ

バスつきをお願いします。

B : C'est combien, la nuit ?
セ　コンビヤン　ラ　ニュイ

一泊いくらですか？

A : 70 euros.
ソワサントゥ ディ　ズーロ

70ユーロです。

フランス アラカルト

ホテルの予約はインターネットが多く使われるようになってきましたが、電話で予約する場合もありますね。ここに挙げた表現の多くは、直接ホテルに行ってVous avez encore des chambres pour ce soir ?（今晩まだ空いている部屋がありますか？）と尋ねる場合にも使えます。
ヴ　ザヴェ　アンコール　デ　シャンブル　プール　ス　ソワール

眺めのいい部屋を頼む場合は、Je voudrais une chambre avec une belle vue.（眺めのいい部屋をお願いします）という表現を使いましょう。
ジュ　ヴドゥレ　ユヌ　シャンブル　アヴェック　キュヌ　ベル　ヴュ

❷ チェックイン／チェックアウト

ホテルのチェックアウトの勘定書は **note** と言います。レストラン、カフェの勘定書、**addition** と区別しましょう。

とっておき会話　1. チェックイン

A : **Bonjour, j'ai une réservation au nom de Takano.**
ボンジュール　ジェ　ユヌ　レゼルヴァスィヨン　オ　ノン　ドゥ　タカノ

こんにちは。高野の名前で予約しています。

B : **Vous pouvez épeler votre nom, s'il vous plaît ?**
ヴ　プヴェ　エプレ　ヴォトゥル　ノン　スィル　ヴ　プレ

お名前の綴りを言っていただけますか？

A : **Oui, T, A, K, A, N, O.**
ウィ　テ　ア　カ　ア　エヌ　オ

はい、TAKANOです。

B : **Vous avez réservé une chambre simple pour cinq nuits, c'est cela ?**
ヴ　ザヴェ　レゼルヴェ　ユヌ　シャンブル　サンプル　プール　サンク　ニュイ　セ　スラ

シングルでのお部屋で、5泊ですね。

Vocabulaire 〈単語〉

réservation [rezɛrvasjɔ̃] f　予約
nom [nɔ̃] m　名前
épeler [ep(ə)le] 動　綴りを言う
cela [s(ə)la] 指示代名詞　それ、あれ、これ
note [nɔt] f　勘定書、メモ
au total　全体で

régler [regle] 動　支払う、調整する
carte(= carte de crédit)
　f　クレジットカード
voici [vwasi]
　提示詞　ここに〜がある、これが〜である
reçu [r(ə)sy] m　領収証

とっておき会話　2. チェックアウト

A： Voici la clé. Je peux avoir ma note, s'il vous plaît.
ヴォワスィ　ラ　クレ　ジュ　プ　アヴォワール　マ　ノットゥ　スィル　ヴ　プレ

鍵をお返しします。チェックアウトをお願いします。

B： Un instant, s'il vous plaît. 350 euros au total.
アン　ナンスタン　スィル　ヴ　プレ　トゥロワサンサンカント　トゥーロ　オ　トタル

少々お待ちください。全部で350ユーロです。

A： Je peux régler par carte ?
ジュ　プ　レグレ　パール　キャルトゥ

クレジットカードでお願いできますか？

B： Mais, bien sûr. Voici le reçu.
メ　ビヤン　スュール　ヴォワスィ　ル　ルスュ

もちろんです。こちらが領収証です。

フランス アラカルト

　チェックインでC'est au ～ étage.（お部屋は～階です）と説明されます。階の言い方に気をつけましょう。フランスでは、1階はrez-de-chaussée（レ　ドゥ　ショセ）と言い、2階からétageを使ってpremier étage（1番目のétage＝2階）（プルミエ　レタージュ）、deuxième étage（2番目のétage＝3階）（ドゥズィエ　メタージュ）のように言います。日本と階数の呼び方が1つずれています。

　チェックアウトはしたけれど、フライトや電車の時間までにまだ余裕がある場合は、もう少し町の散策をしたいですね。そんなときには、Vous pouvez garder ma valise ?（ヴ　プヴェ　ギャルデ　マ　ヴァリーズ）（スーツケースを預かってもらえますか？）と言って、フロントで預かってもらいましょう。

Unités 26 – 29
発信練習

1 すみません、通していただけますか？
ヒント 自分がしたいことを言うときの表現を使います。

2 オペラに行くのは何号線ですか？
ヒント 「l'Opéraに行くために」という表現を使います。

3 パリ、ナントの往復をお願いします。
ヒント 「往復」はun aller-retourです。「〜が欲しいのですが」の表現を使います。

4 このバスはリュクサンブール公園に行きますか？
ヒント リュクサンブール公園はle jardin du Luxembourgです。

5 ツインの部屋を予約したいのですが。
ヒント ツインの部屋はune chambre à deux litsです。

6 田中の名前で予約しています。
ヒント 「〜の名前で」はau nom de 〜です。

第4章 ✳ シーン編

1 Excusez-moi, je voudrais passer.
エクスキュゼ　モワ　ジュ　ヴドゥレ　パセ

◉ je voudrais ～「～したいのですが」の表現です。

2 Pour aller à l'Opéra, c'est quelle ligne ?
プー　ラレ　ア　ロペラ　セ　ケル　リーニュ

◉ quelle ligne ?「どの線？」を使います。「～に行く」はaller à ～です。

3 Je voudrais un aller-retour Paris-Nantes, s'il vous plaît.
ジュ　ヴドゥレ　アン　ナレ　ルトゥール　パリ　ナントゥ　スィル　ヴ　プレ

◉ 往復切符は名詞aller「行き」と名詞retour「帰り」を合わせた語です。

4 Est-ce que ce bus va au jardin du Luxembourg ?
エ　ス　ク　ス　ビュス　ヴァ　オ　ジャルダン　デュ　リュクサンブール

◉「バスが～へ行く」もaller à～を使います。

5 Je voudrais réserver une chambre à deux lits.
ジュ　ヴドゥレ　レゼルヴェ　ユヌ　シャンブル　ア　ドゥ　リ

◉ je voudrais réserver ～「～を予約したいのですが」はレストランの予約などにも使える表現です。

6 J'ai une réservation au nom de Tanaka.
ジェ　ユヌ　レゼルヴァスィヨン　オ　ノン　ドゥ　タナカ

◉ J'ai une réservation「予約しています」の表現です。

Unités 26 – 29
音読ロールプレイ

まずは会話全体を聞いてから、
Aさん、Bさんのパートをそれぞれ言ってみましょう。

❶ 機内で

A：Vous vouliez ?
　　ヴ　　ヴリエ
B：日本の新聞をもらえますか？
A：Oui, tout de suite.
　　ウィ　トゥ　ドゥ　スュイットゥ

ヒント 日本の新聞は un journal japonais です。

❷ 駅で

A：カンヌまで片道、お願いします。
B：En première ou en deuxième classe ?
　　アン　プルミエール　ウ　アン　ドゥズィエム　クラス
A：2等です。

ヒント 片道は un aller simple です。

❸ 電話でホテルを予約

A：Service de réservation, bonjour.
　　セルヴィス　ドゥ　レゼルヴァスィヨン　ボンジュール
B：シングルの部屋を予約したいのですが。
A：Vous voulez réserver pour quelles dates ?
　　ヴ　　ヴレ　　レゼルヴェ　プール　ケル　ダットゥ

ヒント シングルの部屋は une chambre simple です。

①

A：ご用を承ります。

B：Je peux avoir un journal japonais ?
　　ジュ　プ　アヴォワール　アン　ジュルナル　　ジャポネ

A：はい、すぐお持ちします。

- Je peux avoir 〜？は置いてあると予測できるものを「いただけますか？」と頼む表現です。

②

A：Je voudrais un aller simple pour Cannes, s'il vous plaît.
　　ジュ　ヴドゥレ　アン　ナレ　サンプル　プール　カヌ　スィル　ヴ　プレ

B：1等ですか、2等ですか？

A：En deuxième classe.
　　アン　ドゥズィエム　クラス

- un aller simpleは「行き1回」という意味です。

③

A：予約係です。

B：Je voudrais réserver une chambre simple.
　　ジュ　ヴドゥレ　レゼルヴェ　ユヌ　シャンブル　サンプル

A：いつのご予約でしょうか？

- une chambre simpleはune chambre à un litとも言います。

Unité 30 レストラン

C'est pour combien de personnes ?
何名様ですか？

❶ 予約をする／店に入る

Je voudrais réserver une table に pour 〜を添えていつ予約をしたいかということをはっきり伝えましょう。予約の人数を言う表現も覚えましょう。

とっておき会話 🔊79

A: Je voudrais réserver une table pour vendredi soir, vingt heures. C'est possible?
ジュ ヴドゥレ レゼルヴェ ユヌ ターブル プール ヴァンドゥルディ ソワール ヴァン トゥール セ ポスィーブル

金曜日の夜、8時の予約をしたいのですが、大丈夫ですか？

B: C'est pour combien de personnes?
セ プール コンビヤン ドゥ ペルソヌ

何名様ですか？

A: Pour six personnes.
プール スィ ペルソヌ

6名です。

B: Oui, c'est possible. Je peux avoir votre nom et votre numéro de téléphone, s'il vous plaît?
ウィ セ ポスィーブル ジュ プ アヴォワール ヴォトゥル ノン エ ヴォトゥル ニュメロ ドゥ テレフォヌ スィル ヴ プレ

はい、お受けできます。お名前と電話番号をいただけますか？

Vocabulaire 〈単語〉

table [tabl] ⓕ テーブル	possible [pɔsibl] 形 可能な
vendredi [vɑ̃drədi] ⓜ 金曜日	personne [pɛrsɔn] ⓕ 人
soir [swar] ⓜ 夕方、晩	

第4章 ✳ シーン編

とっておき会話

A：Bonsoir. Vous êtes combien ?
ボンソワール　ヴ　ゼットゥ　コンビヤン

いらっしゃいませ。何名様ですか？

B：Nous sommes trois.
ヌ　ソム　トゥロワ

3名です。

A：Par ici, s'il vous plaît.
パー　リスィ　スィル　ヴ　プレ

こちらへどうぞ。

フランス アラカルト

　本場のフランス料理を味わうのも、旅の楽しみの一つです。散策中に小さな通りで偶然見つけたレストランに入って大満足ということもありますが、人気のレストランに行く場合は、予約をした方がいいでしょう。Il faut réserver ?（予約が必要ですか？）と確認するのもいいですね。
イル　フォ　レゼルヴェ

　席の希望があれば、Je voudrais une table en terrasse / près de la fenêtre, s'il vous plaît.（テラス席／窓際の席をお願いします）と頼んでみましょう。
ジュ　ヴドゥレ　ユヌ　ターブル　アン　テラス　プレ　ドゥ　ラ　フネートゥル　スィル　ヴ　プレ

　予約のとき、C'est pour combien de personnes ?（何名様［のため］ですか？）と聞かれたら、「Pour＋数詞＋personnes」で答えます。レストランに入る際、Vous êtes combien ?（何名様ですか？）と尋ねられた場合は、「Nous sommes＋数詞（人数）」と答えます。
セ　プール　コンビヤン　ドゥ　ペルソヌ　　　　　　　　プール　　　　　　　　　　　　　　　　　　　　ヴ　ゼットゥ　コンビヤン　　　　　　　　　　　　　　ヌ　ソム

❷ 注文する／味わう

注文するときはJe prends 〜．(〜をいただきます) と言います。**C'est bon !**
(おいしい！) と、料理の感想も言ってみましょう。

とっておき会話

A : Puis-je prendre votre commande ?
ピュイ　ジュ　プランドゥル　ヴォトゥル　　コマンドゥ

注文をうかがいましょうか？

B : Quel est le plat du jour ?
ケ　レ　ル　プラ　デュ　ジュール

本日のお勧め料理は何ですか？

A : Le poulet fricassé.
ル　プレ　　フリカセ

チキンフリカッセです。

B : Ça a l'air bon. Je prends ça.
サ　ア　レール　ボン　ジュ　プラン　サ

美味しそうですね。それをいただきます。

....Et un verre de vin blanc, s'il vous plait.
エ　アン　ヴェール　ドゥ　ヴァン　ブラン　スィル　ヴ　プレ

白ワインをグラスでお願いします。

Vocabulaire 〈単語〉

commande [kɔmɑ̃d] f　注文	**délicieux** [delisjø] 形 m ⎫ とても
plat du jour m　本日のお勧め料理	**délicieuse** [delisjøz] 形 f ⎭ 美味しい
poulet fricassé m　チキンフリカッセ	**un peu** 副　少し
avoir l'air　〜のようである、〜のように見える	**gras(se)** [gra(s)] 形　脂っこい
bon(ne) [bɔ̃/bɔn] 形　よい、美味しい	**lourd(e)** [lur(d)] 形　重い
blanc(he) [blɑ̃(ʃ)] 形　白い	**difficile** [difisil] 形　難しい、(好みなどに) うるさい
confit de canard m　鴨のコンフィ	

第4章 ＊ シーン編

とっておき会話

A： Ce confit de canard, c'est délicieux !
　　ス　コンフィ　ドゥ　カナール　　セ　　デリスィュー

この鴨のコンフィ、すごく美味しい！

B： C'est bon mais c'est un peu gras.
　　セ　ボン　メ　セ　タン　プ　グラ

美味しいけど、ちょっと脂っこいね。

A： Et ce vin rouge, il va très bien avec ce plat.
　　エ　ス　ヴァン　ルージュ　イル　ヴァ　トゥレ　ビヤン　アヴェック　ス　プラ

それとこの赤ワイン、料理によく合うね。

B： Oui, mais un peu lourd.
　　ウィ　メ　アン　プ　ルール

うん、でもちょっと重いね。

A： Tu es difficile.
　　テュ　エ　ディフィスィール

あなたって好みがうるさいのね。

フランス　アラカルト

　レストランで何を注文するか、フランス人はじっくり時間をかけて選びます。私たちもフランス人に習って…、でも、決めかねるときは給仕の人に聞くのが一番。Qu'est-ce que vous nous recommandez ?（何がお勧めですか？）と聞いてみましょう。menu（コース料理）を取るのもいいですね。
日本語で言う「メニュー」はcarteなので混同しないようにしましょう。メニューの中から一品料理を選んで注文するのはprendre à la carteと言います。
　パンは普通、注文しなくても運ばれて来ます。なくなりそうな頃合いを見計らって、追加も持って来てくれます。気がついてもらえないようだったら、Du pain, s'il vous plaît.（パンをください）と言って頼みましょう。

Unité 31 カフェ／ファーストフード

Un café crème, s'il vous plaît.
カフェ・クレームをひとつください。

❶ カフェ

S'il vous plaît ! とウェイターを呼びましょう。注文は頼みたいものの後に s'il vous plaît を添えて言います。

とっておき会話 🎧 81

A : S'il vous plaît !
スィル ヴ プレ
お願いします。

B : Tout de suite, Mesdames.
トゥ ドゥ スュイットゥ メダム
はい、ただいま。

A : Un café crème, s'il vous plaît.
アン カフェ クレーム スィル ヴ プレ
カフェ・クレームひとつください。

C : Pour moi, un chocolat chaud.
プール モワ アン ショコラ ショ
私にはホットココアを。

Vocabulaire 〈単語〉

mesdames [medam] ⓕ 奥さま方（madame の複数形）

café crème ⓜ カフェ・クレーム

chocolat chaud ⓜ ホットココア

addition [adisjɔ̃] ⓕ （飲食店などの）勘定書

ticket [tikɛ] ⓜ レシート

erreur [erœr] ⓕ 間違い

croire [krwar] 動 思う、信じる

bière [bjɛr] ⓕ ビール

vrai(e) [vrɛ] 形 本当の

第4章 ❋ シーン編

> **とっておき会話**

A : Monsieur, l'addition, s'il vous plaît.
ムスィュ　　ラディスィヨン　　スィル　ヴ　プレ

お勘定、お願いします。

B : Le ticket est sur la table.
ル　ティケ　エ　シュル ラ　ターブル

レシートがテーブルにありますよ。

A : Mais, il y a une erreur, je crois. Je n'ai pas pris de bière.
メ　イリヤ　ユ　ネルール　ジュ クロワ　ジュ　ネ　パ　プリ　ドゥ　ビエール

でも、間違いがあると思うのですが。ビールはとっていません。

B : Ah, c'est vrai. Je suis désolé.
アー　セ　ヴレ　ジュ スュイ　デゾレ

ああ、そうですね。申し訳ありません。

> **フランス　アラカルト**

　カフェではウェイターが注文をすぐに取りに来てくれるとは限りません。永遠に待たされるような気分を味わう前に、躊躇せずに手を挙げて、Monsieur, s'il vous plaît ! と言いましょう。
ムスィュ　スィル ヴ　プレ

　ジュースやハーブティーはどんなものが置いてあるか聞きたいときは、Qu'est-ce que vous avez comme jus de fruit / infusions ?（フルーツジュース／ハーブティーは何がありますか？）と尋ねてみましょう。
ケ ス ク　ヴ　ザヴェ　コム　ジュ ドゥ フリュイ　アンフュズィヨン

　サービス料はカフェの値段に入っているので、特にチップを払う必要はありませんが、気持ちよく応対してくれたウェイターにチップを払いたいときは、50セントくらいをソーサーの下に置いてテーブルを離れるといいですよ。

❷ ファーストフード

お店の人に **à emporter**（持ち帰り）か、**sur place**（その場で食べる）かということを尋ねられます。どちらかをはっきり答えましょう。

とっておき会話

A : C'est sur place ou à emporter ?
　　セ　シュル　プラス　ウ　ア　アンポルテ

こちらで召し上がりますか、それともお持ち帰りですか？

B : C'est sur place. Un menu hamburger, s'il vous plaît.
　　セ　スュル　プラス　アン　ムニュ　アンブルゲル　スィル　ヴ　プレ

ここで食べます。ハンバーガーセットをお願いします。

A : Qu'est-ce que vous prenez comme boisson ?
　　ケ　ス　ク　ヴ　プルネ　コム　ボワソン

飲み物は何にしますか？

B : Un coca.
　　アン　コカ

コーラにします。

Vocabulaire 〈単語〉

sur place　その場で

emporter [ãpɔrte] 動　持って行く

hamburger ['ãburɡœr]
ⓜ　ハンバーガー

coca [kɔka] ⓜ　コーラ

sandwich grec
ⓜ　ギリシア風サンドウィッチ

autre chose　他のもの

jus d'orange ⓜ　オレンジジュース

tout [tu] 不定代名詞　すべて

第4章 ＊ シーン編

> **とっておき会話**

A : **Un sandwich grec, s'il vous plaît.**
アン　サンドゥウィッチ　グレック　スィル　ヴ　プレ

ギリシア風サンドウィッチをください。

B : **Vous prenez autre chose ?**
ヴ　プルネ　オトゥル　ショーズ

他に何かご注文は？

A : **Oui, un jus d'orange.**
ウィ　アン　ジュ　ドランジュ

はい、オレンジジュースを。

B : **C'est tout ?**
セ　トゥ

これで全部ですか？

A : **Oui.**
ウィ

はい。

B : **Ça fait 7 euros.**
サ　フェ　セ　トゥーロ

7ユーロになります。

> **フランス アラカルト**
>
> 日本でファーストフードと言えば、ハンバーガーのイメージがありますが、フランス、特にパリのファーストフードはギリシア風サンドウィッチ、中華料理の惣菜、スシなど、バラエティーに富んでいます。旅行中、食事にあまり時間がかけられないときに利用するのもいいですね。
>
> 注文したものをカウンターで受け取るのかどうか理解できるように、お店の人が言う次の表現を覚えておきましょう。On va vous appeler. / On va vous l'apporter.（お呼びします／お持ちします）
> オン ヴァ ヴ ザプレ　／　オン ヴァ ヴ ラポルテ

Unité 32 買い物

Vous cherchez quelque chose ?
何かお探しですか？

❶ デパート

Je cherche ～ .「～を探しています」と買いたいものを伝えます。試着を頼んだり、サイズや色の希望を言う表現も覚えましょう。

とっておき会話 🎧83

A : Vous cherchez quelque chose ?
　　ヴ　　　シェルシェ　　　　ケルク　　　　ショーズ

　何かお探しですか？

B : Je cherche une jupe.
　　ジュ　　シェルシュ　　ユヌ　　ジュップ

　スカートを探しています。

A : Celle-ci est à la mode en ce moment.
　　セル　スィ　エ　タ　ラ　モードゥ　アン　ス　　モマン

　最近こちらが流行っています。

B : Vous l'avez en bleu ?
　　ヴ　　　ラヴェ　　アン　　ブル

　これの青はありますか？

Vocabulaire 〈単語〉

chercher [ʃɛrʃe] 動　探す
quelque chose 何かあるもの（こと）
jupe [ʒyp] f　スカート
celle-ci [sɛlsi]
代名詞 （女性単数名詞を受けて）こちらのもの、こちらの人

mode [mɔd] f　流行
（à la mode　流行している）
en ce moment 今、現在
bleu(e) [blø] 形　青い
cabine d'essayage f　試着室
plaire 動　～の気に入る
en dessous 副　下に

158

第4章 ✳ シーン編

とっておき会話

A：Je peux essayer ?
　　ジュ　プ　エセイエ

試着してもいいですか？

B：Oui, bien sûr. La cabine d'essayage est là.
　　ウィ　ビヤン　スュール　ラ　キャビヌ　デセイヤージュ　エ　ラ

はい、もちろんです。試着室はそちらです。

B：Ça vous plaît ?
　　サ　ヴ　プレ

いかがですか？

A：C'est un peu trop grand.
　　セ　タン　プ　トゥロ　グラン

ちょっと大きいです。

Vous avez la taille en dessous ?
ヴ　ザヴェ　ラ　タイユ　アン　ドゥス

もっと小さいサイズはありますか？

フランスアラカルト

　デパートやブティックで商品を見たいとき、勝手に手に取るのは避けましょう。お店の人に Bonjour. Je peux voir ～?（ボンジュール　ジュ　プ　ヴォワール）（こんにちは。～を見てもいいですか？）と声をかけてください。
　「何かお探しですか？」と尋ねられて、「見ているだけです」と言いたいときは、Je regarde seulement, merci. の表現を使います。merci を忘れずに添えましょう。
ジュ　ルギャルドゥ　スルマン　メルスィ

❷ マルシェ

マルシェでは店の人と言葉を交わすのも楽しみのひとつ。〜パック、〜グラムなど、何をどれだけ買いたいか伝える表現を身につけましょう。

とっておき会話

A : Madame, vous désirez ?
マダム　　ヴ　　デズィレ

いらっしゃい、マダム、何にしますか？

B : Bonjour. Je voudrais un melon et une barquette de fraises, s'il vous plaît.
ボンジュール　ジュ　ヴドゥレ　アン　ムロン　エ　ユヌ
バルケットゥ　ドゥ　フレーズ　スィル　ヴ　プレ

こんにちは。メロン1個とイチゴを1パックください。

A : Voilà Madame. Et avec ceci ?
ヴォワラ　マダム　　エ　アヴェック　ススィ

はい、こちらです。他には？

B : C'est tout, merci. Ça fait combien ?
セ　トゥ　メルスィ　サ　フェ　コンビヤン

それだけです。いくらになりますか？

Vocabulaire 〈単語〉

désirer [dezire] 動　望む

melon [m(ə)lɔ̃] m　メロン

barquette [barkɛt] f　（食品を入れる）トレー、容器

fraise [frɛz] f　イチゴ

ceci [səsi] 指示代名詞　これ、このこと

recommander [r(ə)kɔmɑ̃de] 動　勧める

valençay [valɑ̃sɛ] m　ヴァランセー（山羊乳で作るベリー地方産のチーズ）

chèvre [ʃɛvr] f　雌ヤギ

goûter [gute] 動　味見する、味わう

第4章 ✳ シーン編

とっておき会話

A : **Quel fromage vous recommandez ?**
　　　ケル　　フロマージュ　　ヴ　　　ルコマンデ

どのチーズがお勧めですか？

B : **Ce valençay. C'est un fromage de chèvre.**
　　　ス　ヴランセ　　　セ　タン　フロマージュ　ドゥ　シェーヴル
　　　C'est délicieux !
　　　セ　　デリスィユー

このヴァランセーだね。ヤギのチーズだよ。すごく美味しいよ。

A : **Je peux goûter ?**
　　　ジュ　プ　　グテ

味見してもいいですか？

B : **Bien sûr.**
　　　ビヤン　スュール

もちろん。

フランスアラカルト

　マルシェには常設のものと、決まった曜日に広場などに立つ朝市とがあります。何と言っても新鮮な季節の野菜や果物が魅力です。特産品に地方色が感じられるのも楽しいものです。お店の人の元気な呼び声に魅かれて足が止まります。

　日本では見かけない食材があったらQu'est-ce que c'est ?（何ですか？）と聞いてみましょう。その店ならではのお勧めの品のことはQu'est-ce que vous recommandez ?（何がお勧めですか？）と聞いてみるといいですね。また、数や量の表現を積極的に使って注文するのもいいですね。

Unités 30 - 32
発信練習

1 今晩の予約をしたいのですが。

ヒント レストランの予約は「テーブル（une table）を予約する」と言います。

2 10ユーロのコース料理をいただきます。

ヒント 食べ物を注文するとき、動詞はprendreを使います。10ユーロのコース料理はun menu à 10 eurosです。

3 ホットココアがほしいのですが。

ヒント ココアは「チョコレート」と同じ単語です。

4 ハムサンドとオレンジジュースをお願いします。

ヒント ハムサンドはun sandwich au jambonです。

5 ブラウスを探しています。

ヒント ブラウスはun chemisierです。

6 サクランボを500グラムください。

ヒント サクランボはcerise(s)、500はcinq centsです。

第4章 ✴ シーン編

1 Je voudrais réserver une table pour ce soir.
ジュ　ヴドゥレ　レゼルヴェ　ユヌ　ターブル　プール　ス　ソワール

◉ 予約の日はpour 〜で表します。

2 Je prends un menu à 10 euros.
ジュ　プラン　アン　ムニュ　ア　ディ　ズーロ

◉「〜ユーロのコース料理」はun menu à 〜と、àの後に金額を続けます。

3 Je voudrais un chocolat chaud, s'il vous plaît.
ジュ　ヴドゥレ　アン　ショコラ　ショ　スィル　ヴ　プレ

◉ chaudは「熱い」と言う意味です。「暑い」の意味でも使います。

4 Un sandwich au jambon et un jus d'orange, s'il vous plaît.
アン　サンドゥウィッチ　オ　ジャンボン　エ　アン　ジュ　ドランジュ　スィル　ヴ　プレ

◉「〜のサンドウィッチ」はun sandwich à 〜とàの後にパンに挟むものを続けます。チーズle fromageではau fromageとなります。à + le = auですね。

5 Je cherche un chemisier.
ジュ　シェルシュ　アン　シュミズィエ

◉ Je cherche 〜 . は、「（物、人、建物）を探す」など、さまざまな「探す」に使えます。

6 Cinq cents grammes de cerises, s'il vous plaît.
サン　サン　グラム　ドゥ　スリーズ　スィル　ヴ　プレ

◉「500グラムの〜」はune livre de 〜とも言います。500グラムの重さの単位はune livre、同じつづりで「本」はun livreです。

Unités 30 – 32
音読ロールプレイ

まずは会話全体を聞いてから、
Bさんのパート、Aさんのパートを言ってみましょう。

① 電話でレストランを予約する

A：Restaurant Saint-Germain, bonjour.
　　レストラン　　サン　　ジェルマン　　ボンジュール
B：明日の晩の予約をしたいのですが。

A：C'est pour combien de personnes ?
　　セ　プール　コンビヤン　ドゥ　ペルソヌ
B：5名です。

ヒント　「明日の晩」はdemain soirです。

② デパートで

A：Vous cherchez quelque chose ?
　　ヴ　シェルシェ　ケルク　ショーズ
B：夏のワンピースを探しています。

A：Celle-ci est à la mode en ce moment.
　　セル　スィ　エ　ラ　モードゥ　アン　ス　モマン
B：試着してもいいですか？

ヒント　「夏のワンピース」はune robe d'étéです。

③ マルシェで

A：Mademoiselle, vous désirez ?
　　マドゥモワゼル　　ヴ　デズィレ
B：こんにちは。洋梨3個とアプリコットを500グラムください。

A：Voilà, Mademoiselle. Et avec ceci ?
　　ヴォワラ　マドゥモワゼル　エ　アヴェック　ススィ
B：それだけです。いくらになりますか？

ヒント　「洋梨」はpoire(s)、「アプリコット」はabricot(s)です。

1

A：レストラン"サンジェルマン"です。

B：Je voudrais réserver une table pour demain soir.
　　ジュ　ヴドゥレ　レゼルヴェ　ユヌ　ターブル　プール　ドゥマン　ソワール

A：何名様ですか？

B：Pour cinq personnes.
　　プール　サンク　ペルソヌ

● 「〜名の（ための）予約」はpour 〜 personnesと言います。

2

A：何かお探しですか？

B：Je cherche une robe d'été.
　　ジュ　シェルシュ　ユヌ　ロブ　デテ

A：最近、こちらが流行っています。

B：Je peux essayer ?
　　ジュ　プ　エセイエ

● Je peux 〜 ?（〜してもいいですか？）の表現を使います。

3

A：いらっしゃい、マドモアゼル、何にしますか？

B：Bonjour. Je voudrais trois poires et une livre d'abricots.
　　ボンジュール　ジュ　ヴドゥレ　トゥロワ　ポワール　エ　ユヌ　リーヴル　ダブリコ

A：はい、こちらです。他には？

B：C'est tout, merci. Ça fait combien ?
　　セ　トゥ　メルスィ　サ　フェ　コンビヤン

● une livre de 〜のような数量表現ではdeの後に母音で始まる名詞が続くとdeがd'になります。

Unité 33 観光

Où est *La Dentellière* de Vermeer ?
フェルメールの『レースを編む女』はどこにありますか？

❶ 美術館に行く

Jusqu'à quelle heure ? を使って、何時まで開館しているか尋ねます。また、Où est ～ ? を使って、目当ての作品がどこにあるのか聞いてみましょう。

とっておき会話 🔊 86

A : Le musée est ouvert jusqu'à quelle heure, aujourd'hui ?
ル　ミュゼ　エ　トゥヴェール　ジュスカ　ケ　ルール　オジュルデュイ

今日は何時まで開いていますか？

B : Jusqu'à vingt-deux heures.
ジュスカ　ヴァントゥ　ドゥ　ズール

22時までです。

A : Vous avez une brochure en japonais ?
ヴ　ザヴェ　ユヌ　ブロシュール　アン　ジャポネ

日本語のパンフレットはありますか？

B : Oui. Voilà.
ウィ　ヴォワラ

はい。どうぞ。

A : Merci beaucoup, Madame.
メルスィ　ボク　マダム

ありがとうございます。

Vocabulaire 〈単語〉

ouvert(e) [uvɛr(t)] 形　開いている
aujourd'hui [oʒurdɥi] 副　今日
deuxième étage
2階（日本の3階に当たる）

magnifique [maɲifik] 形　素晴らしい、見事な
tableau [tablo] m　絵
avoir hâte de ～　～するのが待ち遠しい

第4章 ✳ シーン編

とっておき会話

A： **Où est *La Dentellière* de Vermeer ?**
　　　ウ　エ　ラ　　ダントゥリエール　　ドゥ　　ヴェルメール

フェルメールの『レースを編む女』はどこにありますか？

B： **Au deuxième étage. Il est magnifique, ce**
　　　オ　ドゥズィエ　メタージュ　　イ　レ　　マニフィック　　ス
tableau.
　タブロ

3階です。素晴らしいですよ、あの絵は。

A： **Merci beaucoup, Monsieur. J'ai hâte de le**
　　　メルスィ　　ボク　　　　ムスュ　　　ジェ　アットゥ　ドゥ　ル
voir.
　ヴォワール

ありがとうございます。早く見たいです。

フランス アラカルト

　パリに限らず、フランス全土が美術館の宝庫、名画の鑑賞が旅の目的という人もいるでしょう。

　美術館のチケット売り場で並びたくない人にお勧めなのが、un coupe-file です。「列をカットする」という意味のこのチケットは、人気の展覧会を見るときに持っていると便利です。FNAC（書籍等を扱うチェーンストア）のプレイガイドなどで手に入れることができます。
　　　　　　　　　　　　　　　　　　　　　　　　　　　　アン　クプ　フィル

　オーディオガイドが利用できる美術館、展覧会もあります。Il y a un audioguide en japonais ?（日本語のオーディオガイドはありますか？）と聞いてみましょう。
　　　　　　　　　　　　　　　　　　　　　イリヤ アン
ノディオギドゥ　アン　ジャポネ

❷ コンサートに行く

コンサートのチケットを購入するときに日にち、席の種類、チケットの枚数を伝える表現を身につけましょう。

とっておき会話

A : **Qu'est-ce qu'on joue à l'Opéra Bastille ?**
ケ ス コン ジュ ア ロペラ バスティーユ

オペラ・バスティーユでは何を上演していますか？

B : ***Le Mariage de Figaro.***
ル マリヤージュ ドゥ フィガロ

『フィガロの結婚』です。

A : **Où est-ce qu'on peut acheter des billets ?**
ウ エ ス コン プ アシュテ デ ビエ

チケットはどこで買えますか？

B : **Au guichet, là-bas.**
オ ギシェ ラ バ

あちらの窓口です。

Vocabulaire〈単語〉

jouer [ʒwe] 動 演奏する、演じる	**décembre** [desɑ̃br] m 12月
catégorie [kategɔri] f カテゴリー	**après** [aprɛ] 前 〜の後で、後に

第4章 ✴ シーン編

> **とっておき会話**

A : Je voudrais deux places de catégorie 3 pour le 5 décembre, s'il vous plaît.
ジュ ヴドゥレ ドゥ プラス ドゥ カテゴリ トゥロワ プール ル サンク デサンブル スィル ヴ プレ

12月5日のカテゴリー3の席を2枚お願いします。

B : Désolé, tout est complet.
デゾレ トゥ テ コンプレ

申し訳ありません、売り切れです。

A : Pour quelle date est-ce qu'il reste des places ?
プール ケル ダトゥ エ ス キル レストゥ デ プラス

いつの席が残っていますか？

B : Après le 8 décembre.
アプレ ル ユイ デサンブル

12月8日以降です。

> **フランスアラカルト**

　パリにはオペラ座が二つ。それ以外にも、オーケストラの本拠地のホールやロックコンサート会場など、舞台には事欠きません。サントシャペルを初め、教会でもコンサートが催されます。普通のコンサートホールとは違う、厳粛な雰囲気が味わえます。様々なジャンルの音楽を楽しみましょう。
　予定に入れていなかったけれどコンサート当日に券を買いたいというとき、On peut acheter des places le jour même ?（当日券は買えますか？）と、
オン プ アシュテ デ プラス ル ジュール メーム
聞いてみましょう。
　オペラ・ガルニエで行われるような格式の高いコンサートでは、きちんとした服装で行った方が好感を持たれます。また、席にふさわしい服装があります。１等席の場合は、きちんとしたワンピースやスーツを着て行くといいでしょう。

❸ 観光スポットを探す

道を尋ねるときはComment on fait pour aller à 〜 ?と言います。「まっすぐ行く」や「右に（左に）に曲がる」などの表現も覚えましょう。

とっておき会話

A : Excusez-moi, Madame. Je cherche l'église Saint-Sulpice.
エクスキュゼ　モワ　マダム　ジュ　シェルシュ　レグリーズ　サン　スュルピス

すみません、サンシュルピス教会を探しています。

B : Vous prenez la première rue à droite et vous allez tout droit.
ヴ　プルネ　ラ　プルミエール　リュ　ア　ドゥロワットゥ　エ　ヴ　ザレ　トゥ　ドゥロワ

最初の道を右に曲がってまっすぐ行ってください。

A : Merci beaucoup, Madame.
メルスィ　ボク　マダム

ありがとうございます。

Vocabulaire〈単語〉

d'abord [dabɔr]　先ず、最初に

droit [drwa] 副　まっすぐに

ensuite [ɑ̃sɥit] 副　次に

tourner [turne]
動　曲がる、方向を変える

gauche [goʃ] f　左　(à gauche 左に)

premier [prəmje] 形 m ⎫ 最初の、
première [prəmjɛr] 形 f ⎭ 第1の

feu [fø] m　信号灯、火

droite [drwat] f　右　(à droite 右に)

environ [ɑ̃virɔ̃] 副　約

第4章 ✳ シーン編

> **とっておき会話**

A : Pardon, Madame. Comment on fait pour aller à la place des Vosges ?
パルドン　マダム　コマン　オン　フェ　プー
ラレ　ア　ラ　プラス　デ　ヴォージュ

すみません、ヴォージュ広場はどう行ったらいいでしょうか？

B : D'abord, vous allez tout droit, ensuite vous tournez à gauche au premier feu. C'est sur votre droite.
ダボール　ヴ　ザレ　トゥ　ドゥロワ　アンスュイットゥ　ヴ
トゥルネ　ア　ゴーシュ　オ　プルミエ　フ　セ　スュル
ヴォトゥル　ドゥロワットゥ

まず、まっすぐ行ってください。それから最初の信号で左に曲がります。そうすると右手にありますよ。

A : Pour y aller, il faut combien de temps ?
プー　リ　アレ　イル　フォ　コンビヤン　ドゥ　タン

そこに行くのにどれくらい時間がかかりますか？

B : Environ dix minutes.
アンヴィロン　ディ　ミニュットゥ

10分くらいです。

A : Merci beaucoup, Madame.
メルスィ　ボク　マダム

ありがとうございます。

> **フランス　アラカルト**
>
> フランスでは、私たちは、道を尋ねることはあっても、尋ねられることはないと思っていますが、案外そうでもありません。ときには道を尋ねられることがあります。Allez tout droit.（まっすぐ行ってください）やTournez à gauche.（左に曲がってください）などの表現を口にする機会もありますよ。Unité 20（p.92～95）の場所を尋ねる表現も活用しましょう。

❹ 写真を撮る

写真を撮ってもらいたいときに頼む表現を覚えましょう。また、美術館などで、作品を撮影していいかどうかを尋ねるときの表現も取り上げます。

とっておき会話　89

A : Est-ce qu'on peut prendre des photos ?
エ　ス　コン　プ　プランドゥル　デ　フォト

写真を撮ってもいいですか？

B : Oui, mais vous ne pouvez pas utiliser le flash.
ウィ　メ　ヴ　ヌ　プヴェ　パ　ユティリゼ　ル　フラッシュ

ええ、でもフラッシュは使えません。

A : D'accord.
ダコール

分かりました。

B : D'ici, vous pouvez prendre de belles photos.
ディスィ　ヴ　プヴェ　プランドゥル　ドゥ　ベル　フォト

ここからだと、いい写真が撮れますよ。

A : Merci beaucoup, Monsieur.
メルスィ　ボク　ムスィュ

ありがとうございます。

Vocabulaire〈単語〉

sourire [surir] 動　ほほえむ

flash [flaʃ] m　フラッシュ

sommet [sɔmɛ] m　頂上

beau [bo] 形 m / **belle** [bɛl] 形 f　美しい、素晴らしい

vue [vy] f　眺め

第4章 ✻ シーン編

> **とっておき会話**

A：Nous voilà au sommet de Montmartre.
ヌ　ヴォワラ　オ　ソメ　ドゥ　モンマルトゥル

モンマルトルの丘に来ました。

B：Quelle belle vue !
ケル　ベル　ヴュ

なんて素敵な景色！

A：On peut voir tout Paris.
オン　プ　ヴォワール　トゥ　パリ

パリが一望できます。

A：Est-ce que vous pouvez me prendre en photo ?
エ　ス　ク　ヴ　プヴェ　ム　プランドゥル　アン　フォト

写真を撮ってもらえますか？

B：Oui. Souriez. Voilà.
ウィ　スリエ　ヴォワラ

はい。笑って。どうぞ。

A：Merci beaucoup, Madame.
メルスィ　ボク　マダム

ありがとうございます。

> **フランスアラカルト**
>
> 　美術館ではLes photos sont autorisées.（写真撮影が許されています）が、フラッシュは禁止されています。また、名画とともにカメラに納まる人も多いですが、鑑賞の妨げにならないように気をつけましょう。
> レ　フォト　ソン　オトリゼ
>
> 　旅で出会った人と記念の1枚を撮りたいときには、Est-ce qu'on peut prendre une photo ensemble ?（一緒に写真を撮っていただけますか？[一緒に写ってください]）と言ってみましょう。
> エ　ス　コン　プ　プランドゥル　ユヌ　フォト　アンサンブル

Unité 34 友人とのおしゃべり

Vous venez dîner chez moi ?
うちに夕食に来ませんか？

❶ 夕食への招待

友人から夕食に招待される場面です。予定を尋ねる、招待する、招待に応じる表現を身につけましょう。

とっておき会話

A : Bonjour. Comment allez-vous ?
ボンジュール　コマン　タレ　ヴ

こんにちは。お元気ですか？

B : Très bien, merci. Et vous ?
トゥレ　ビヤン　メルスィ　エ　ヴ

とても元気です、ありがとう。あなたは？

A : Très bien, merci. Au fait, qu'est-ce que vous allez faire demain soir ?
トゥレ　ビヤン　メルスィ　オ　フェットゥ　ケ　ス　ク　ヴ　ザレ　フェール　ドゥマン　ソワール

元気です。ところで、明日の晩は何をしますか？

B : Je n'ai pas de projets précis.
ジュ　ネ　パ　ドゥ　プロジェ　プレスィ

特に予定はありません。

Vocabulaire 〈単語〉

au fait ところで
précis(e) [presi(z)] 形 はっきりした
coq au vin m 若鶏の赤ワイン煮こみ
apporter [apɔrte] 動 持って行く
boîte [bwat] f 箱

第4章 シーン編

とっておき会話

A : **Alors, vous venez dîner chez moi ?**
アロール　ヴ　ヴネ　ディネ　シェ　モワ

それなら、うちに夕食に来ませんか？

B : **Avec plaisir ! Merci beaucoup pour votre invitation.**
アヴェック　プレズィール　メルスィ　ボク　プール　ヴォトゥ
ランヴィタスィヨン

喜んで。ご招待、ありがとうございます。

A : **Je vais préparer un coq au vin.**
ジュ　ヴェ　プレパレ　アン　コッ　コ　ヴァン

若鶏の赤ワイン煮込みを用意しますよ。

B : **Je vais apporter une boîte de chocolat.**
ジュ　ヴェ　アポルテ　ユヌ　ボワットゥ　ドゥ　ショコラ

私はチョコレートを持って行きます。

フランス アラカルト

　フランス人は友人をよく家に招待します。食事ではなく、Vous venez prendre l'apéritif ?（アペリティフに来ませんか？）と、アペリティフにだけ招くことも多いです。
ヴネ　プランドゥル　ラペリティフ

　また、何を手土産に持って行ったらいいか迷ったときには、Qu'est-ce que je peux apporter ?（何を持って行ったらいいですか？）と直接聞いてみるのもいいですね。
ケ　ス　ク　ジュ　プ　アポルテ

❷ 週末の予定

週末の旅行に誘う場面です。予定を問う、旅行の提案をする、待ち合わせの場所や時刻を決める表現を見ましょう。

とっておき会話

A : Tu as un projet pour ce week-end ?
テュ ア アン プロジェ プール ス ウィケンドゥ

週末の予定ある？

B : Non, rien de spécial.
ノン リヤン ドゥ スペシィアル

ううん、特に何も。

A : Je vais dans le Midi avec mes amis. Tu viens avec nous ?
ジュ ヴェ ダン ル ミディ アヴェック メ ザミ テュ ヴィヤン アヴェック ヌ

友達と南仏に行くんだよ。一緒に行かない？

B : Volontiers ! Je ne connais pas le Midi. Je veux bien y aller.
ヴォロンティエ ジュ ヌ コネ パ ル ミディ ジュ ヴ ビヤン イ アレ

喜んで。南仏は知らないんだ。行ってみたいよ。

Vocabulaire〈単語〉

week-end [wikɛnd] 男 週末

spécial(e) [spesjal] 形 特別の

Midi [midi] 男 南フランス

après-midi [aprɛmidi] 男 午後

libre [libr] 形 暇な、自由な

se retrouver [sə r(ə)truve] 代名動詞 落ち合う、再会する

とっておき会話

A : Cet après-midi, je vais à la gare de Lyon pour acheter des billets de TGV. Tu ne veux pas venir avec moi ?

午後、リヨン駅にTGVの切符を買いに行くんだ。一緒に行かない？

B : Pourquoi pas ? Je suis libre cet après-midi.

いいよ。午後は暇だし。

A : Alors, on se retrouve ici après le cours.

じゃあ、授業の後、ここで落ち合おう。

B : D'accord. À tout à l'heure.

分かった。また後でね。

A : À tout à l'heure.

また後で。

フランスアラカルト

　　パリから南仏への週末旅行はTGVで気軽にできます。学生の場合、学生料金で旅行できるのも魅力です。
　パーティーや旅行に誘われたときに、すでに予定が入っている場合もありますね。Désolé(e), mais je suis pris(e).（残念だけど、予定が入っているんだ）と断りましょう。

Unité 35 トラブル

Qu'est-ce que vous avez ?
どうしたのですか？

❶ 病気

J'ai mal à 〜 . でどこが具合が悪いかを伝えましょう。また、日本語を話す医者がいるかどうか、旅行が続けられる状態かを尋ねる表現も合わせて覚えましょう。

とっておき会話

A : Qu'est-ce que vous avez ?
ケ ス ク ヴ ザヴェ

どうしたのですか？

B : J'ai mal au cœur. Il y a un médecin qui parle japonais ?
ジェ マ ロ クール イ リ ヤ アン メドゥサン キ パルル ジャポネ

吐き気がします。日本語を話すお医者さんはいますか？

A : Non, mais il y a un médecin qui parle anglais.
ノン メ イ リ ヤ アン メドゥサン キ パルル アングレ

いえ、でも英語を話す医者はいます。

B : Je voudrais consulter ce médecin.
ジュ ヴドゥレ コンシュルテ ス メドゥサン

そのお医者さんに診てもらいたいです。

Vocabulaire 〈単語〉

cœur [kœr] m	心臓、心
médecin [med(ə)sɛ̃] m	医者
consulter [kɔ̃sylte] 動	相談する
intoxication [ɛ̃tɔksikasjɔ̃] f	中毒
alimentaire [alimɑ̃tɛr] 形	食物の
ordonnance [ɔrdɔnɑ̃s] f	処方箋
pharmacie [farmasi] f	薬局

第4章 ＊ シーン編

> **とっておき会話**

A : **Vous avez une intoxication alimentaire.**
ヴ　ザヴェ　ユ　ナントクスィカスィヨン　アリマンテール

食中毒です。

B : **Est-ce que c'est grave, docteur ?**
エ　ス　ク　セ　グラーヴ　ドクトゥール

先生、ひどいですか？

A : **Non, ce n'est pas grave.**
ノン　ス　ネ　パ　グラーヴ

いえ、大したことはありません。

B : **Je peux continuer le voyage ?**
ジュ　プ　コンティニュエ　ル　ヴォワィヤージュ

旅行を続けてもいいですか？

A : **Oui. Voilà l'ordonnance. Allez à la pharmacie.**
ウィ　ヴォワラ　ロルドナンス　アレ　ア ラ　ファルマスィ

いいですよ。はい、こちらが処方箋です。薬局に行ってください。

> **フランス アラカルト**
>
> 　　滞在中に具合が悪くなるなど考えたくもないことですが、備えあれば憂いなしです。Vous pouvez appeler un médecin, s'il vous plaît ?（お医者さんを呼んでもらえますか？）、Il y a un hôpital près d'ici ?（この近くに病院はありますか？）の表現を覚えておきましょう。J'ai de la fièvre.（熱があります）や、J'ai des frissons.（寒気がします）など、身体の不調を伝える表現も大事です。

179

❷ 盗難に遭う

une déclaration de vol（盗難の届け出）をするときに使う表現を見ます。盗まれたものを言う、何をするべきなのかを聞く表現などです。

とっておき会話 🎧93

A : C'est pour une déclaration de vol.
　　　セ　　プー　リュヌ　デクララスィヨン　ドゥ　ヴォル

盗難届です。

B : Qu'est-ce qu'on vous a volé ?
　　　ケ　ス　コン　ヴ　ザ　ヴォレ

何を盗まれましたか？

A : Mon sac.
　　　モン　サック

バッグです。

B : Qu'est-ce qu'il y avait dedans ?
　　　ケ　ス　キ　リ　アヴェ　ドゥダン

何が入っていましたか？

A : Mon passeport, ma carte bancaire et mon
　　　モン　パスポール　マ　キャルトゥ　バンケール　エ　モン
　　　portefeuille.
　　　ポルトゥフウイユ

パスポート、キャッシュカード、財布です。

Vocabulaire 〈単語〉

déclaration de vol f 盗難届	**portefeuille** [pɔrtəfœj] m 財布
voler [vɔle] 動 盗む	**remplir** [rãplir] 動 記入する
dedans [dədã] 副 中に、内側に	**formulaire** [fɔrmylɛr] m 用紙
passeport [pɑspɔr] m パスポート	**ambassade** [ãbasad] f 大使館
carte bancaire f キャッシュカード	

第4章 ✳ シーン編

とっておき会話

A: Vous remplissez ce formulaire, s'il vous plaît.
　　ヴ　　ランプリセ　ス　フォルミュレール　スィル　ヴ　プレ

こちらの用紙に記入してください。

B: Et pour le passeport ?
　　エ　プール　ル　パスポール

それで、パスポートの方は？

A: Il faut aller à l'ambassade du Japon.
　　イル　フォ　アレ　ア　ランバサドゥ　デュ　ジャポン

日本大使館に行かなければなりません。

> **フランス アラカルト**
>
> 　　フランスでは、スリやひったくりが多いのが現状です。特にパリのメトロではドアが閉まる直前にバッグから財布などを抜き取りそのまま降りるスリがいるので要注意です。
> 　　万が一、スリに遭ってしまったときは、Au voleur !（泥棒！）と大声で叫
> 　　　　　　　　　　　　　　　　　　　　オ ヴォルール
> んで周囲の注意を引きつけ、助けを求めましょう。
> 　　クレジットカードを失くしたり、盗まれた場合は、Je voudrais faire
> 　　　　　　　　　　　　　　　　　　　　　　　　　　ジュ ヴドゥレ フェール
> opposition à ma carte.（クレジットカードを無効にしたいのですが）の表現
> オポズィスィヨン ア マ キャルトゥ
> を使って手続きをします。

Unités 33 – 35
発信練習

1 日本語のオーディオガイドはありますか？
ヒント Il y a ~ ?（〜はありますか）を使います。

2 （コンサートのチケット）4月18日を3枚、お願いします。
ヒント 日付は「4月18日のための」です。

3 ポンピドゥー・センターにはどのように行ったらいいですか？
ヒント 「ポンピドゥー・センターに」はau centre Pompidouです。

4 写真に撮ってもらえますか？
ヒント 「写真に」はen photoです。

5 明日、家に昼食に来ませんか？
ヒント 「昼食に」はdéjeunerです。

6 喉が痛いです。
ヒント 「喉が痛い」は「喉に痛みを持つ」です。「喉に」はà la gorgeです。

1 Il y a un audioguide en japonais ?

◉「〜語の」は「en ＋言語名」です。この場合は言語名には冠詞はつけません。

2 Je voudrais trois places pour le 18 avril, s'il vous plaît.

◉ コンサートチケットの「3枚」は、trois places（3つの席）と言います。

3 Comment on fait pour aller au centre Pompidou ?

◉ 道を尋ねるときの表現は「〜へ行くためにどのようにしますか？」と言います。

4 Est-ce que vous pouvez me prendre en photo ?

◉ 依頼の表現のVous pouvez 〜？を使います。prendre 〜 en photo「〜を写真に撮る」ですが、代名詞me（私を）は動詞prendreの前に置かれます。

5 Vous venez déjeuner chez moi demain ?

◉「venir ＋動詞の原形」で「〜しに来る」です。

6 J'ai mal à la gorge.

◉ avoir mal à 〜で「身体の〜が痛い」になります。

Unités 33 – 35
音読ロールプレイ

まずは会話全体を聞いてから、
Aさん、Bさんのパートをそれぞれ言ってみましょう。

❶ 美術館で

A：ミレーの『落ち穂拾い』はどこにありますか？

B：Au rez-de-chaussée.
　　オ　レ　ドゥ　ショセ

A：ありがとうございます。

ヒント ミレーの『落ち穂拾い』は le tableau *Des Glaneuses* de Millet です。

❷ コンサートのチケット売り場で

A：3月6日で3枚、お願いします。

B：Oui. Dans quelle catégorie ?
　　ウィ　ダン　ケル　カテゴリ

A：カテゴリー3です。

ヒント 3枚は3席と言います。

❸ 病院で

A：Où vous avez mal ?
　　ウ　ヴ　ザヴェ　マル

B：ここが痛みます。

A：Depuis quand ?
　　ドゥピュイ　カン

ヒント 「ここ」は ici です。

第4章 シーン編

1

A : Où est le tableau *Des Glaneuses* de Millet ?
　　ウ　エ　ル　タブロ　　デ　　　グラヌーズ　　ドゥ　ミレ

B : 1階（地上階）です。

A : Merci beaucoup.
　　メルスィ　　　ボク

● 「〜はどこですか？」は Où est 〜 ? / Où sont 〜 ? です。

2

A : Je voudrais trois places pour le 6 mars, s'il vous plaît.
　　ジュ　ヴドゥレ　トゥロワ　プラス　プール　ル スィ マルス　スィル　ヴ　　プレ

B : はい。どのカテゴリーですか？

A : Dans la catégorie 3.
　　ダン　ラ　カテゴリ　トゥロワ

● 「どのカテゴリーの席で」では「で」に当たる dans がつきます。

3

A : どこが痛みますか？

B : J'ai mal ici.
　　ジェ　マル　イスィ

A : いつからですか？

● 「ここが痛みます」と痛みがあるところを指しながら言います。

便利な表現 3

Çaを使った表現

○ Çaは状況に応じて、これ、それ、あれを示す語で、会話でよく使われます。

▶ **Ça y est !**
サ イ エ
やった！（思った通り、物事がうまく運んだ）

▶ **C'est ça.**
セ サ
そのとおり。

▶ **Ça alors !**
サ アロール
なんてこと！

▶ **Ça dépend.**
サ デパン
それは場合によります。

▶ **Comme ça.**
コム サ
そんなふうに。／こんなふうに。

▶ **Ça va.**
サ ヴァ
大丈夫。

（Unité 3 4 [p.23] で、「元気だよ」と体調を言う表現として取り上げました。「物事が順調に進んでいる」「大丈夫」の意味でも使われます。）

○ 疑問詞 où、quand、qui の後に ça を続けると、疑問を強める表現になります。少しくだけた表現です。

▶ **Où ça ?**
ウ サ
いったいどこなの？

▶ **Quand ça ?**
カン サ
いったいいつなの？

▶ **Qui ça ?**
キ サ
いったい誰なの？

第5章

よく使われる
基本動詞編

5つの基本動詞avoir、être、aller、faire、prendreは基本の意味からさまざまな表現をつくり出しています。基本動詞を上手に使いこなして会話を豊かなものにしましょう。

Unité 36 avoirを使った表現

Hélène a les yeux bleus.
エレーヌは青い目をしています。

基本フレーズ

1 **Hélène a les yeux bleus.**
　　エレーヌ　ア　レ　ズィユ　ブル

エレーヌは青い目をしています。

2 **J'ai faim.**
　　ジェ　　ファン

お腹が空いています。

3 **J'ai mal au ventre.**
　　ジェ　マ　ロ　ヴァントゥル

おなかが痛いです。

Vocabulaire 〈単語〉

yeux [jø] Ⓜ （複数形）目、（単数形はœil）

faim [fɛ̃] Ⓕ 空腹

ventre [vɑ̃tr] Ⓜ 腹

avoirの活用表

	avoirの活用			avoirの活用	
私	j' (ジェ)	ai	私たち	nous (ヌ)	avons (ザヴォン)
君	tu (テュ)	as (ア)	あなた(たち),君たち	vous (ヴ)	avez (ザヴェ)
彼	il (イ)	a (ラ)	彼ら	ils (イル)	ont (ゾン)
彼女	elle (エ)	a (ラ)	彼女ら	elles (エル)	ont (ゾン)

会話のポイント

1 Hélène a les yeux bleus.
主語＋**avoir**の活用形＋名詞（身体の部分）＋形容詞

　身体の特徴のいくつかは「（主語）は〜を持っている」と動詞avoirを用いて表します。目の色や髪の色、長さ、体型などです。フランス人の目の色は様々なので、重要な特徴として身分証明書にも記載されます。

▶ **Paul a les cheveux blonds.**（ポールは金髪です）
　　ポール　ア　　シュヴ　　　ブロン

　「エレーヌは青い目をしています」をLes yeux d'Hélène sont bleus.「エレーヌの目は青いです」のように「〜の目」を主語にしては言わないので気をつけましょう。

2 J'ai faim.　主語＋**avoir**の活用形＋名詞（身体の状態を表す）

　身体の状態のいくつかも身体の特徴と同様に「（主語）は〜を持っている」と表します。avoir faim「空腹」/ soif「喉の乾き」/ sommeil「眠気」で、それぞれ「お腹が空いている」「喉が渇いている」「眠い」という身体の状態を表します。avoirの後の身体の状態を表す名詞にはle、la、lesなどの冠詞はつきません。

　「（人が）暑さ、寒さを感じる」と表現する場合もavoirを使ってavoir chaud「暑い」、avoir froid「寒い」と言います。天候の暑い、寒いを言う表現、Il fait chaud. / Il fait froid.と区別しましょう。

▶ **J'ai chaud.**（暑いです）**/ J'ai froid.**（寒いです）
　　ジェ　ショ　　　　　　　　　ジェ　フロワ

3 J'ai mal au ventre.
主語＋**avoir mal**＋**à**＋定冠詞＋名詞（身体の部分）

　「痛み〈mal〉を〜（身体の部分）に持っている」で、身体のどの部分の調子が悪いのかを表します。痛みのある部分は「à＋定冠詞＋名詞」で表します。àの後に続く定冠詞がle、lesの場合は、それぞれ「à＋le＝au」「à＋les＝aux」となります。（「à＋la＝そのまま」「à＋l'＝そのまま」です）

▶ **J'ai mal à la tête.**（頭が痛いです）**/ J'ai mal aux dents.**（歯が痛いです）
　　ジェ　マ　ラ ラ テットゥ　　　　　　　　ジェ　マ　ロ　　ダン

　ただし、avoir mal au cœurは「cœur（心臓）が痛い」のではなく、「吐き気がする」という意味になります。

▶ **J'ai mal au cœur.**（吐き気がします）
　　ジェ　マ　ロ　ケール

57 êtreを使った表現

Louis est de Marseille.
ルイはマルセイユ出身です。

基本フレーズ

1 Louis est de Marseille.
　　ルイ　　エ　　　ドゥ　　　マルセイユ

ルイはマルセイユ出身です。

---

2 Ces lunettes sont à mon père.
　　セ　　　リュネットゥ　　ソン　タ　モン　　ペール

この眼鏡は私の父のです。

---

3 Il est trois heures vingt.
　　イ　レ　　トゥロワ　　　ズール　　ヴァン

3時20分です。

Vocabulaire 〈単語〉

Marseille [marsɛj]　マルセイユ

lunettes [lynɛt] ⓕ　（複数形で）眼鏡

êtreの活用表

		êtreの活用			êtreの活用
私	je (ジュ)	suis (スュイ)	私たち	nous (ヌ)	sommes (ソム)
君	tu (テュ)	es (エ)	あなた(たち),君たち	vous (ヴ)	êtes (ゼットゥ)
彼	il (イ)	est (レ)	彼ら	ils (イル)	sont (ソン)
彼女	elle (エ)	est (レ)	彼女ら	elles (エル)	sont (ソン)

会話のポイント

1 Louis est de Marseille.
主語＋être の活用形＋de ＋地名（都市名・地方名）

「主語＋être ＋ de ～」の「～」の部分に都市や地方の名前を入れて、出身を表します。

de はここでは、「～から」と場所の起点を表しています。de の後の名詞に定冠詞の le、les がつく場合は、「de ＋ le ＝ du」「de ＋ les ＝ des」となります。

▶ **Jean est du Midi.**（ジャンは南仏出身です）
　ジャン　エ　デュ　ミディ

2 Ces lunettes sont à mon père.
主語＋être の活用形＋à ＋人

「主語＋être ＋ à ＋人」で、「主語が、à の後に示される人のものである」という所有の意味になります。à の後に「私」「君」などの代名詞が来る場合、代名詞の強勢形が使われます。

▶ **Cette valise est à moi.**（このスーツケースは私のです）
　セットゥ　ヴァリーズ　エ　タ　モワ

（**à toi** 君のです / **à lui** 彼のです / **à elle** 彼女のです / **à nous** 私たちのです /
ア　トワ　　　　　　ア　リュイ　　　　　　　ア　エル　　　　　　　　ア　ヌ
à vous あなた、あなた方、君たちのです / **à eux** 彼らのです / **à elles** 彼女たちのです）
ア　ヴ　　　　　　　　　　　　　　　　　　　　　ア　ウ　　　　　　　　ア　エル

店の人が客に向かって Je suis à vous. と言うことがあります。文字通り訳せば「私はあなたのものです」となりますが、これは「あなたの用件を承ります」という意味の決まり文句です。

3 Il est trois heures vingt.
Il est ＋数詞＋heure(s)＋数詞

時刻は「Il est ～ heure(s)…」で示します。主語の il は、「彼」や「それ」を指しているのではなく、時刻の表現の形式的な主語として使われています。「～時…分」は「～ heure(s)…」と示し、「～」に時間、「…」に分を示す数詞を入れます。「分」を意味する minute(s) は、普通は省略します。

Unité 38 — aller を使った表現

Cette robe va bien à Sophie.
このワンピースはソフィーによく似合います。

基本フレーズ

1. Cette robe va bien à Sophie.
セットゥ　ロブ　ヴァ　ビヤン　ア　ソフィ
このワンピースはソフィーによく似合います。

2. Le 6 février va à tout le monde.
ル　スィ　フェヴリエ　ヴァ　ア　トゥ　ル　モンドゥ
2月6日は全員に都合がいいです。

3. On y va.
オン　ニ　ヴァ
さあ、行こう。

Vocabulaire 〈単語〉

février [fevrije] ⓜ　2月

tout le monde　すべての人、みんな

aller の活用表

		aller の活用形			aller の活用形
私	je (ジュ)	vais (ヴェ)	私たち	nous (ヌ)	allons (ザロン)
君	tu (テュ)	vas (ヴァ)	あなた(たち),君たち	vous (ヴ)	allez (ザレ)
彼	il (イル)	va (ヴァ)	彼ら	ils (イル)	vont (ヴォン)
彼女	elle (エル)	va (ヴァ)	彼女ら	elles (エル)	vont (ヴォン)

会話のポイント

1 Cette robe va bien à Sophie.　主語＋**aller**の活用形＋**à**＋人

「服やアクセサリー、色などが〜に似合う」という意味で、「aller＋à＋人」が使われます。

▶ **Cette veste vous va très bien !**（このジャケット、よくお似合いですよ！）
　セットゥ　ヴェストゥ　ヴ　ヴァ　トゥレ　ビヤン

似合う対象の人が「私に」me、「あなたに」vousなどの代名詞で示される場合は、その代名詞は動詞の前に置かれます。

主語＋代名詞（**me, te, lui, nous, vous, leur**）＋**aller**の活用形

▶ **Ce bleu vous va très bien.**（この青はあなたにとてもよく合います）
　ス　ブル　ヴ　ヴァ　トゥレ　ビヤン

　Ces chaussures me vont parfaitement.（この靴は私にぴったりです）
　セ　ショスュール　ム　ヴォン　パルフェトゥマン

2 Le 6 février va à tout le monde.　主語＋**aller**の活用形＋**à**＋人

「aller＋à＋人」は「〜に都合がいい」の意味でも使われます。会う約束をする時、日にち、場所などを示して「それがあなたに都合がいいですか？」Ça vous va ?と聞きます。都合がよければOui, ça me va.（ええ、いいですよ）と答えます。少しくだけた表現です。

Ça vous va ?のvousのように「（人）に都合がいい」の（人）が代名詞である場合、その代名詞は動詞allerの活用形の前に置かれます。

▶ **Rendez-vous devant le cinéma à cinq heures, ça vous va ?**
　ランデヴ　ドゥヴァン　ル　スィネマ　ア　サン　クール　サ　ヴ　ヴァ

（5時に映画館の前の約束で大丈夫ですか？）

3 On y va.

yは話題になっている場所を受けて「そこに」という意味で使われます。「y＋aller」で「そこに行く」です。会話では「始める」の意味でも使われます。Onを主語にしたOn y va.は「さあ、行こう」「さあ、始めよう」と促す表現になります。また、Allez-y !、Allon-y !、Vas-y !のように命令形で使われることもよくあります。yは動詞の後に置きます。何かを始めることを促したり、励ましたりする表現です。
　　　　　　　アレ ズィ　アロン ズィ　ヴァ ズィ

▶ **Vous êtes prêts. On y va.**（君たち、用意ができたね。さあ、行こう）
　ヴ　ゼトゥ　プレ　オン　ニ　ヴァ

　C'est votre tour. Allez-y !（あなたの番です。さあ、おやりなさい！）
　セ　ヴォトル　トゥール　アレ　ズィ

Unité 39 : faire を使った表現

do make

Nathalie fait de la natation.
ナタリーは水泳をやっています。

基本フレーズ

1. Nathalie fait de la natation.
ナタリ フェ ドゥ ラ ナタスィヨン

ナタリーは水泳をやっています。

---

2. Ça fait vingt-neuf euros.
サ フェ ヴァントゥ ヌ フーロ

29ユーロになります。

---

3. Il fait très beau.
イル フェ トゥレ ボ

とてもいい天気です。

Vocabulaire 〈単語〉

natation [natasjɔ̃] f 水泳

faire の活用表

	faire の活用形			faire の活用形	
私	je (ジュ)	fais (フェ)	私たち	nous (ヌ)	faisons (フゾン)
君	tu (テュ)	fais (フェ)	あなた(たち)、君たち	vous (ヴ)	faites (フェットゥ)
彼	il (イル)	fait (フェ)	彼ら	ils (イル)	font (フォン)
彼女	elle (エル)	fait (フェ)	彼女ら	elles (エル)	font (フォン)

会話のポイント

1 Nathalie fait de la natation.
主語＋faireの活用形＋部分冠詞＋名詞

勉強や、スポーツ、楽器演奏など「活動としてやっていること」を言うとき、この表現を使います。

▶ **Je fais du français.**（フランス語をやっています）
　ジュ　フェ　デュ　フランセ

Laurent fait du saxophone.（ロランはサックスをやっています）
ロラン　　フェ　デュ　サクソフォヌ

部分冠詞 du, de la は飲み物や食べ物の名詞だけではなく、このように、活動を「いくらかの量」ととらえたときにも使われます。

家事に関してもfaireを使いますが、faire le ménage（掃除をする）faire la lessive（洗濯をする）のように家事を示す名詞に定冠詞leやlaをつけます。

2 Ça fait vingt-neuf euros.
主語＋faireの活用形＋数詞＋(数量の単位)

「計算が〜になる」、「長さ／重さなどが〜である」と言うときにもfaireを使います。

▶ **Trois et huit font onze.**（3たす8は11です）
　トゥロワ エ ユイットゥ フォン オンズ

Ce colis fait quatre kilos.（この小包は4キロあります）
ス　コリ　フェ　キャトゥル　　キロ

買いもののときによく使われるÇa fait combien ?（いくらになりますか？）と合計金額を尋ねる表現にも、このfaireが使われています。

3 Il fait très beau.　Il fait＋形容詞

Il fait 〜 . で天候を表します。主語のilは、形式的な主語です。「〜」にはbeau、mauvaisなどの形容詞が入ります。

Il fait ＋数詞＋ degré(s) は、「気温が〜度ある」の意味になります。

▶ **Il fait vingt-cinq degrés.**（気温が25度あります）
　イル フェ ヴァントゥ サンク　ドゥグレ

Unité 40 prendre を使った表現

Je prends un café.
コーヒーを1杯飲みます。

基本フレーズ

1　Je prends un café.
　　ジュ　　プラン　　アン　　カフェ

コーヒーを1杯飲みます。

2　Je prends le bus pour l'aéroport.
　　ジュ　プラン　ル　ビュス　プール　ラエロポール

空港行きのバスに乗ります。

3　Je prends des vacances en juillet.
　　ジュ　プラン　デ　ヴァカンス　アン　ジュイエ

7月に休暇をとります。

Vocabulaire〈単語〉

aéroport [aerɔpɔr] m　空港

vacances [vakɑ̃s] f　（複数形で）休暇

prendre の活用表

私	je (ジュ)	prends (プラン)	私たち	nous (ヌ)	prenons (プルノン)
君	tu (テュ)	prends (プラン)	あなた(たち),君たち	vous (ヴ)	prenez (プルネ)
彼	il (イル)	prend (プラン)	彼ら	ils (イル)	prennent (プレヌ)
彼女	elle (エル)	prend (プラン)	彼女ら	elles (エル)	prennent (プレヌ)

会話のポイント

1 Je prends un café. 主語＋prendreの活用形＋名詞（食べ物／飲み物）

「食べ物」、「飲み物」、「薬」などを「食べる」、「飲む」の意味でprendreを使います。

レストランやカフェで食べ物や飲み物を選ぶときにもprendreが使われます。

▶ **Qu'est-ce que vous prenez comme dessert ?**
ケ ス ク ヴ プルネ コム デセール

（デザートは何を召し上がりますか？）

---

2 Je prends le bus pour l'aéroport. 主語＋prendreの活用形＋名詞（交通手段）

métro「地下鉄」、avion「飛行機」、bateau「船」、voiture「車」など、交通手段を「選んで乗る」という意味でprendreを使います。

また、道順を示すときには「～の道を選んで行く」という意味でprendreを使います。

▶ **Vous prenez la deuxième rue à gauche.**
ヴ プルネ ラ ドゥズィエム リュ ア ゴーシュ

（2番目の道を左に行ってください）

---

3 Je prends des vacances en juillet. 主語＋prendreの活用形＋名詞

「手に入れる」、「買う」の意味でもprendreが使われます。「手に入れる」の目的語には「休暇」、「パン」など、さまざまな名詞を持って来ることができます。

▶ **Je prends du pain chez le boulanger d'à côté.**
ジュ プラン デュ パン シェ ル ブーランジェ ダ コテ

（隣のパン屋でパンを買います）

Je prends ça. （これいただきます）
ジュ プラン サ

生活に結びついた表現の「風呂に入る」、「シャワーを浴びる」もprendreを使って言います。

▶ **Je prends un bain.** （風呂に入ります）
ジュ プラン アン バン

Je prends une douche. （シャワーを浴びます）
ジュ プラン ユヌ ドゥーシュ

便利な表現 ④
受け答えの表現

● 会話は言葉のキャッチボールです。相手の言葉をしっかり受け止めているサインになる表現を覚えましょう。

▶ **Oui, c'est ça.**
ウィ　セ　サ
はい、その通りです。

▶ **Oui, tout à fait.**
ウィ　トゥ　タ　フェ
はい、まったくその通りです。

▶ **Je crois.**　そうだと思います。
ジュ　クロワ

▶ **Je ne crois pas.**
ジュ　ヌ　クロワ　パ
そうは思いません。

▶ **Je comprends.**
ジュ　コンプラン
分かります。

▶ **Je ne comprends pas.**
ジュ　ヌ　コンプラン　パ
分かりません。

▶ **Je ne sais pas.**
ジュ　ヌ　セ　パ
知りません。

▶ **C'est vrai ?**
セ　ヴレ
本当ですか？

▶ **Moi aussi.**
モワ　オスィ
（肯定の内容を受けて）私もです。

▶ **Moi non plus.**
モワ　ノン　プリュ
（否定の内容を受けて）私もです。

文法コーナー

1 名詞

名詞の性

フランス語の名詞には、男性名詞と女性名詞があります。人間や動物のように自然の性を持つものは、たいていその性が文法上の性と一致します。

ⓜpère 父　　**ⓕmère** 母
　ペール　　　　メール

無生物や抽象名詞なども、男性名詞か女性名詞のどちらかに分けられます。

ⓜhôtel ホテル　　**ⓕéglise** 教会
　オテル　　　　　　エグリーズ

身分、職業、国籍などを表す名詞の場合、ふつう語尾の変化で、男性と女性を示します。原則として男性形の語尾にeをつけると女性形になります。

ⓜétudiant 男子学生　　**ⓕétudiante** 女子学生
　エテュディヤン　　　　　エテュディヤントゥ

名詞の数

名詞は単数か複数かによって、ふつう形が変わります。

複数形の作り方

- 原則として単数形の語尾にsをつけます。このsは読みません。

　単pomme → **複pommes**　リンゴ
　　ポム　　　　　ポム

- 単数形がs、x、zで終わる場合は複数形になってもsをつけません。単数形と複数形が同じ形になります。

　単cours → **複cours**　授業
　　クール　　　　クール

- 一部の名詞では単数形の語尾にxをつけます。このxも読みません。

　単数形が –eau、–au、–eu で終わる場合

　単château → **複châteaux**　城
　　シャト　　　　　シャト

　単数形が –ail、–al で終わる語の多くは複数形では –aux となります。

　単travail → **複travaux**　仕事、（複数形で）工事
　　トゥラヴァイユ　　トゥラヴォ

　単journal → **複journaux**　新聞
　　ジュルナル　　　ジュルノ

2 冠詞

冠詞は、名詞の前に置かれ、その名詞が文脈でどのようにとらえられているかを示します。冠詞は、冠詞の後に続く名詞の性・数に合わせた形を使います。次の3種類があります。

（1）定冠詞：le (l') 男性単数形／ la (l') 女性単数形／ les 男性・女性複数形

定冠詞は、すでに話題に上った名詞や限定された名詞などの特定された名詞につけます。はじめて話題にする名詞でも、話し手と聞き手が共通して認識しているものや人の場合や、唯一物には定冠詞をつけます。また、総称として示す名詞にもつけます。母音字や無音のhで始まる語の前ではle / la がl'になります。

le livre （その）本　　　　**les livres** （それらの）本
ル　リーヴル　　　　　　　　　レ　リーヴル

la voiture （その）車　　　**les voitures** （それらの）車
ラ　ヴォワチュール　　　　　　レ　ヴォワチュール

（2）不定冠詞：un 男性単数形／ une 女性単数形／ des 男性・女性複数形

聞き手に初めて提示される数えられるものや人を表す名詞につけます。un、uneは「あるひとつの」、desは「いくつかの」を示します。

un livre （ある1冊の）本　　　**des livres** （何冊かの）本
アン　リーヴル　　　　　　　　　　デ　リーヴル

une voiture （ある1台の）車　　**des voitures** （何台かの）車
ユヌ　ヴォワチュール　　　　　　　デ　ヴォワチュール

（3）部分冠詞：du 男性形／ de la 女性形／ de l' 母音字や無音のhで始まる名詞（男性・女性）の前

数えられない名詞（物質名詞・抽象名詞など）につけて、不特定のいくらかの分量を示します。

du vin （いくらかの量の）ワイン　　**de la bière** （いくらかの量の）ビール
デュ　ヴァン　　　　　　　　　　　　　ドゥ　ラ　ビエール

de l'alcool （いくらかの量の）アルコール　**de l'eau** （いくらかの量の）水
ドゥ　ラルコル　　　　　　　　　　　　　　　ドゥ　ロ

※alcoolは男性名詞、eauは女性名詞

前置詞à、deの後に定冠詞le、lesが続くと次のように縮約形になります。

à + le → au　　à + les → aux　　de + le → du　　de + les → des
　　　　　ア　オ　　　　　　　　ア　レ　オ　　　　　　　　ドゥ　ル　デュ　　　　　　　　ドゥ　レ　デ

3 形容詞

形容詞は、修飾する名詞や代名詞の性・数に合わせて語尾変化をします。

grand　大きい

男性単数	女性単数	男性複数*	女性複数
grand グラン	grande グ랑ドゥ	grands グラン	grandes グランドゥ

*［男性＋女性］は男性複数になります。

女性形のつくり方

●原則として男性単数形の語尾にeをつけます。

　　ⓜbleu → ⓕbleue　青い
　　　ブル　　　　ブル

※男性単数形が発音されない子音字で終わっている場合は、女性形になると発音が変わります。

　　ⓜjaponais → ⓕjaponaise　日本の、日本人の
　　　ジャポネ　　　　ジャポネーズ

●男性形がeで終わっている場合は男性形と女性形は同じ形になります。

　　ⓜrouge → ⓕrouge　赤い
　　　ルージュ　　　ルージュ

●男性形から女性形に変わるとき不規則な語尾変化になるものがあります。

　　ⓜbon → ⓕbonne　よい、美味しい
　　　ボン　　　ボヌ

　　ⓜitalien → ⓕitalienne　イタリアの、イタリア人の
　　　イタリヤン　　　イタリエヌ

複数形のつくり方（名詞の複数形と同じつくり方です）

●原則として単数形の語尾にsをつけます。

　　ⓜgentil → 複gentils　親切な
　　　ジャンティ　　ジャンティ

形容詞の位置

●主語＋êtreの活用形＋形容詞
●名詞につける場合は、原則として名詞の後に置きます。

　　une étudiante japonaise　日本人の女子学生
　　ユ　ネテュディヤントゥ　ジャポネーズ

●よく使われるいくつかの短い形容詞（grand、petit、beau、bon、mauvais、joli、jeuneなど）は名詞の前に置きます。

　　un grand hôtel　大きなホテル
　　アン　グラン　トテル

4 指示形容詞

ce(cet) 男性単数形　　**cette** 女性単数形　　**ces** 男性・女性複数形

「この、その、あの」を意味する指示形容詞は、冠詞と同じように名詞の前に置かれ、名詞の性・数に合わせた形を使います。

ce musée この美術館　　**ces musées** これらの美術館
ス　ミュゼ　　　　　　　　セ　ミュゼ

cette église この教会　　**ces églises** これらの教会
セ　テグリーズ　　　　　　セ　ゼグリーズ

● 母音字や無音のhで始まる男性単数名詞の前ではcetを使います。

cet ordinateur このコンピューター
セ　トルディナトゥール

5 所有形容詞

所有形容詞は、冠詞と同じように名詞の前に置かれます。所有形容詞の性・数は、名詞（所有されるもの）の性・数に合わせた形を使います。

所有者＼所有されるもの	男性単数	女性単数	男・女性複数
私の	mon モン	ma（*mon） マ　モン	mes メ
君の	ton トン	ta（*ton） タ　トン	tes テ
彼（女）の	son ソン	sa（*son） サ　ソン	ses セ
私たちの	notre ノトゥル		nos ノ
あなた（たち）の 君たちの	votre ヴォトゥル		vos ヴォ
彼（女）らの	leur ルール		leurs ルール

所有形容詞の性・数は、所有されるものの性・数によって決まります。所有者の性とは関係ありません。

son père 彼の父／彼女の父　　**sa mère** 彼の母／彼女の母
ソン　ペール　　　　　　　　　　サ　メール

ses parents 彼の両親／彼女の両親
セ　パラン

＊母音字や無音のhで始まる女性単数名詞の前ではma、ta、saの代わりにmon、ton、sonを使います。

mon école 私の学校
モン　ネコル

6 人称代名詞

	主語	直接目的補語	間接目的補語	強勢形
私	je(j') ジュ	me ム	me ム	moi モワ
君	tu テュ	te トゥ	te トゥ	toi トワ
彼	il イル	le ル	lui リュイ	lui リュイ
彼女	elle エル	la ラ	lui リュイ	elle エル
私たち	nous ヌ	nous ヌ	nous ヌ	nous ヌ
あなた（たち） 君たち	vous ヴ	vous ヴ	vous ヴ	vous ヴ
彼ら	ils イル	les レ	leur ルール	eux ウ
彼女ら	elles エル	les レ	leur ルール	elles エル

- jeの後に母音字や無音のhで始まる単語が続くとエリズィヨンされてj'となります。
- 家族や友人などの親しい人にはtuを使い、そうではない人や目上の人にはvousを使います。相手が複数の場合は、常にvousを使います。
- il(s)、elle(s)、le、la、lesはものを表す男性名詞、女性名詞も受けます。
- ils、les、leur、euxは男性を指すときだけでなく、男性と女性をあわせて指すときも使われます。
- 目的補語人称代名詞は、原則として動詞の前に置きます。
- 強勢形は、主語や目的語を強調するとき、前置詞、c'est(ce sont)の後に続けるときに使われます。

7 動詞

フランス語の動詞は主語の人称と数に合わせて形が変わります。これを動詞の活用といいます。

規則的な活用をする規則動詞と不規則な活用をする不規則動詞があります。規則動詞には原形（活用する前の形）が–erで終わる–er動詞（第1群規則動詞）と–irで終わる–ir動詞（第2群規則動詞）があります。

–er動詞 chanter（歌う）の活用

私	je chante ジュ シャントゥ	私たち	nous chantons ヌ　シャントン
君	tu chantes テュ シャントゥ	あなた（たち）、君たち	vous chantez ヴ　シャンテ
彼	il chante イル シャントゥ	彼ら	ils chantent イル　シャントゥ
彼女	elle chante エル シャントゥ	彼女ら	elles chantent エル　シャントゥ

-ir動詞 finir（終える）の活用

私	je finis ジュ フィニ	私たち	nous finissons ヌ　フィニソン
君	tu finis テュ フィニ	あなた（たち）、君たち	vous finissez ヴ　フィニセ
彼	il finit イル フィニ	彼ら	ils finissent イル　フィニス
彼女	elle finit エル フィニ	彼女ら	elles finissent エル　フィニス

※主な不規則動詞 avoir, être, aller, faire, prendreの活用はUnité 36～Unité 40を参照してください。

8 文の形

（1）平叙文

　　主語＋動詞＋（目的語など）

　　Je travaille.　働いています。
　　ジュ　トゥラヴァイユ

　　Je suis étudiante.　学生です。
　　ジュ　スュイ　エテュディヤントゥ

　　J'aime le vin.　ワインが好きです。
　　ジェム　ル　ヴァン

（2）否定文

　動詞の活用形を ne と pas で挟みます。動詞が母音字または無音の h で始まるときは ne がエリズィヨンされて n' となります。

　　主語＋ ne(n') ＋動詞＋ pas ＋（目的語など）

　　Je ne travaille pas.　働いていません。
　　ジュ　ヌ　トゥラヴァイユ　パ

　　Je n'aime pas le vin.　ワインが好きではありません。
　　ジュ　ネム　パ　ル　ヴァン

（3）疑問文

　3種類のつくり方があります。

　　①平叙文と同じ語順で、文末のイントネーションを上げる

　　主語＋動詞＋（目的語など）?

　　Vous travaillez ?　働いていますか？
　　ヴ　トゥラヴァイエ

　　②平叙文の文頭に est-ce que(qu') をつける

　　Est-ce que(qu') ＋主語＋動詞＋（目的語など）?

　　Est-ce que vous travaillez?　働いていますか？
　　エ　ス　ク　ヴ　トゥラヴァイエ

　　Est-ce qu'il travaille ?　彼は働いていますか？
　　エ　ス　キル　トゥラヴァイユ

　　③主語代名詞と動詞を倒置し、間にトレ・デュニオンを置く

　　動詞＋主語代名詞＋（目的語など）?

　　Travaillez-vous?　働いていらっしゃいますか？
　　トゥラヴァイエ　ヴ

●会話では主に①、②を使います。①はくだけています。

疑問詞のある疑問文でも原則として３つのつくり方があります。
　①平叙文の語順で疑問詞を文末に置く

　　主語＋動詞＋（目的語など）＋疑問詞？

　　Vous habitez où ?　　どこに住んでいますか？
　　　ヴ　　ザビテ　　ウ

②平叙文の文頭に［疑問詞＋est-ce que(qu')］をつける

　　疑問詞＋**est-ce que(qu')**＋主語＋動詞＋（目的語など）？

　　Où est-ce que vous habitez ?　　どこに住んでいますか？
　　　ウ　エ ス　ク　　ヴ　　ザビテ

③文頭に疑問詞を置き、主語代名詞と動詞を倒置する（間にトレ・デュニオン）

　　疑問詞＋動詞＋主語代名詞＋（目的語など）？

　　Où habitez-vous ?　　どこに住んでいらっしゃいますか？
　　　ウ　　アビテ　　ヴ

●会話では主に①、②の形を使います。①はくだけています。

quand カン いつ	Tu viens quand ? テュ ヴィヤン　カン いつ来るの？
où ウ どこ	Vous allez où ? ヴ　ザレ　ウ どこに行きますか？
combien コンビヤン いくら、どのくらい	Ce manteau , c'est combien ? ス　マントー　セ　コンビヤン このコートはいくらですか？
comment コマン どのように	Elle est comment ? エ　レ　コマン 彼女はどんな人ですか？
pourquoi プルコワ なぜ	Pourquoi tu vas à Paris ? プルコワ　テュ ヴァ ア　パリ どうしてパリに行くの？
qu'est-ce que ケ ス ク 何を	Qu'est-ce que tu fais ? ケ　ス　ク　テュ フェ 何をしているの？
qu'est-ce qui ケ ス キ 何が	Qu'est-ce qui est affiché ? ケ　ス　キ　エ　タフィシェ 何が貼り出されていますか？
qui est-ce que キ エ ス ク 誰を	Qui est-ce que vous invitez ? キ　エ　ス　ク　ヴ　ザンヴィテ 誰を招待しますか？
qui / qui est-ce qui キ　キ エ ス キ 誰が	Qui / Qui est-ce qui vient avec moi ? キ　キ　エ　ス　キ　ヴィヤン アヴェック モワ 誰が一緒に来ますか？

アテネ・フランセ（Athénée Français）

1913年に高等仏語の名で開講されたアテネ・フランセは、日本最古のフランス語学校として、多くの文化人や知識人、語学のエキスパート達を輩出してきました。

現在では14以上のコースと180余りのフランス語クラスが開講されており、日常会話、仏検対策、通訳・翻訳、文学、哲学など多彩なクラス構成で、フランス語とフランス文化を学ぶ方々のあらゆるニーズにお応えします。全くの初学者から上級者まで、目的とレベルにあった講座を用意しています。中学校卒業以上の方でしたら入学条件はございません。フランス語を学ぶ皆様をお待ちしています。

〒101-0062
東京都千代田区神田駿河台2-11
TEL　03-3291-3391
FAX　03-3291-3392（24時間対応・音声ガイド付）
受付業務　9:30～19:30（土～19:00、除日曜・祝日）
ホームページ　http://www.athenee.jp

●著者紹介

アテネ・フランセ　Athénée Français
1913年創立。フランス語を中心として英語・古典ギリシャ語・ラテン語で、常時180余りの講座を設けている語学学校の老舗。日本語を一切使わない授業が定評。谷崎潤一郎、坂口安吾、きだみのる等多くの文化人を輩出する。

松本　悦治　Matsumono Etsuji
1920年生まれ。東京高等師範学校卒業後、パリ大学文学部修士課程卒業。1946年よりアテネ・フランセ講師。財団法人アテネ・フランセ理事長、同校長。

鈴木　文恵　Suzuki Fumie
アテネ・フランセにて、フランス語を学び、ディプロム（卒業資格）、ブルヴェ（教授資格）を取得。1993年、ヴィシーのカヴィラム夏期教授法セミナーに参加する。現在アテネ・フランセ講師。入門科および専科の初級文法と会話クラスを担当。著書に『すぐに使えるフランス語会話　ミニフレーズ2300』（Jリサーチ出版）。

カバーデザイン	滝デザイン事務所
本文デザイン／DTP	朝日メディアインターナショナル株式会社
イラスト	田中　斉
CD録音・編集	財団法人　英語教育協議会（ELEC）
CD制作	高速録音株式会社

ゼロからスタート　フランス語　会話編

平成24年（2012年）5月10日　初版第1刷発行
平成31年（2019年）4月10日　　　第9刷発行

著　者	鈴木文恵
発行人	福田富与
発行所	有限会社Jリサーチ出版
	〒166-0002　東京都杉並区高円寺北2-29-14-705
	電　話 03(6808)8801(代)　FAX 03(5364)5310
	編集部 03(6808)8806
	http://www.jresearch.co.jp
印刷所	株式会社シナノパブリッシングプレス

ISBN978-4-86392-103-0　禁無断転載。なお、乱丁・落丁はお取り替えいたします。
© Fumie Suzuki 2012 All rights reserved.　　　　　　　　　Printed in Japan